U0067630

Be Human
by Wisdom

做人要藏心

你必須知道的人性叢林生存法則

做事要留心

人性本詐篇

德國哲學家康德曾說：

「舉凡愈卑鄙的人，愈會成為演員，往往佯裝對他人尊敬、友善、謙虛與無私的樣子。」

在險惡的人性戰場上，我們的身邊充斥著坑人害人的小人，並非所有的真話都可以毫無保留地說出，並非所有的計劃都可以讓對方知道。

如果你不懂得隱藏自己的心思，留心自己正在推動之事，那麼永遠都只會是人性戰場中的輸家，被小人玩弄於股掌之中。

我們所遭遇的人，可能誠實正直，但也可能陰險狡詐，就算摸清對方的性格與心理特質，也必須有所防範，才不會衍生料想不到的風險。

王 渡 編著

【出版序】

做人要藏心，做事要留心

不懂得厚著臉皮向你根本不屑一顧的人弓腰哈背，不懂得狠下心來消滅「敵人」，就會眼睜睜地看著成功跟自己擦身而過。

性戰場中的輸家，被有心人玩弄於股掌之中。

如果你不懂得隱藏自己的心思，留心自己正在推動之事，那麼永遠都只會是人

可以毫無保留地說出，並非所有的計劃都可以讓對方知道。

在險惡的人性戰場上，我們的身邊充斥著坑人害人的小人，並非所有的真話都

敬、友善、謙虛與無私的樣子。」

德國哲學家康德曾說：「舉凡愈卑鄙的人，愈會成為演員，往往佯裝對他人尊

· 王 渡

做人必須講究手腕，不可以過於直接，不知有所保留的人，往往會造成他人的

困擾或讓自己受傷。至於做事，則不能感情用事，因為激情萌生的古怪念頭，稍稍

過量便會判斷力出問題，使自己因為失控，做出幼稚、膚淺的事。

感情用事大多不會有好結果，要做到不管是大順之時還是大逆之際，都不會讓

別人摸清自己的思緒和情緒。

從西元一六○三年到一八六七年，長達二百六十五年，是日本「德川幕府」掌

控政權的時代，「德川幕府」的開創者德川家康的一生充滿了傳奇性與戲劇性，堪

稱是日本的厚黑教祖。

德川家康的性格是在十三、四歲時奠定的。那時他就下定決心要滅掉織田家，

繼而奪取天下大權。為了實現這個願望，他處處表現得謙虛與服從，讓別人以為他

是個沒有野心的人，甚至為了取信織田信而殺掉自己的妻子。

德川家康的作風，贏得織田信長的信任。像他這種後台不強硬的家族，以服從

二字作為自己的外交政策，是最明智之舉，德川家康一直都堅守這項原則，即使後

來他成為日本第二大勢力集團，對於支配他的人——豐臣秀吉，仍然表現得像綿羊

一般溫馴，像狗一般忠實。

可是，等到豐臣秀吉一死，他就搖身一變，成了一個詭譎多詐的政客。德川家

康以服從為手段，藉此取得別人的信任，這種偽裝的功力竟維持了五十年之久，實

在令人感到不可思議。

一個人若是太過老實，往往就會被認為不具威脅性。德川家康一直假裝老實，

所以織田信長誤認為他很好利用，無論什麼事都支使德川家康去做。然而，另一位

名將武田信玄卻戒心大起，並告訴他的部下，一個人看似膽小老實的人必定隱藏著

自己的智慧和實力，對任何一件事都會預先做好周密的計劃與防備。

德川家康有一項別人沒有的特殊本領，就是縱使心情起伏如何劇烈，也絕不會

輕易地流露出來，從未隨意向部屬們動怒、懲罰。

他面對極端厭惡的人，能把嫌惡之情深深隱藏起來，與對方見面時，仍然裝出

十分親善的表情，禮貌且誠摯地問候對方。

德川家康覺得爽快的性格太過膚淺，奸詐、狡猾、多變的個性才會讓人傾迷。

他認為，一個人心裡的真正感受一定要加以掩飾，否則自己的心意豈不全被對方猜透。

老實與怯懦只是德川家康的偽裝，事實上，他的腦筋靈活，反應快速，只是從不表現出來，藉以讓人失去防備。

亞里斯多德曾說：「人在最完美的時候，似乎是動物中的佼佼者，但是，當他為了一己之私的時候，便是動物中最差勁的東西。」

正因為如此，想在競爭激烈的現實社會存活，想在人性戰場上克敵制勝，就必須懂得懂得「做人藏心，做事留心」的道理，才不會老是淪為被人坑騙、欺詐的對象。

聰明而又謹慎的人總是能夠保持自我控制的能力，絕不會輕易受到情緒的制約。

從德川家康的處世謀略與後來的際遇不難知道，做人做事若總是感情用事，只想逞一時之快在嘴上討便宜，喜怒外形於色，實是人生最大的忌諱，這樣的人根本成就不了大事。

02. 做個聰明的老實人

做人應當誠實正直，不要有害人之心，不過，防人之心也不可無，畢竟人的心思是很難讀懂的，必須提防別人口蜜腹劍的算計。

04.

自作聰明，小心惹禍上身

人可以沒有大智慧，但是絕對不要亂耍小聰明，否則就會步上楊修的後塵，為自己招來禍害，死得不明不白。

05.

有才華，也要懂得生存的方法

才華橫溢的人容易有恃才傲物、好高騖遠，如果你自認是個才華洋溢的人，就必須更加熟悉職場的生存法則，以免自己落得悲慘的結局。

06.
越狡猾，越能成為大贏家

一提起耍花招，人們也會自然想到商場老手，因為只有他們最為老謀深算，耍出來的花招五彩繽紛，叫人眼花撩亂，捉摸不定，對手就在不知不覺中落入圈套。

07. 以柔克剛，才不會兩敗俱傷

以剛克剛，容易落得兩敗俱傷，面對剛烈之人，更應以己之長克其之短，而不是硬碰硬，推向玉石俱焚的危險態勢。

08.

千萬不要和小人結仇

陰狠歹毒的小人，現實生活中到處都是，常常因為你不知不覺間得罪了他們而懷恨在心，伺機興風作浪將你吞噬。

09. 臉皮越厚，招數越多

對手的個性、技巧不同，自己也將受到對手用盡一切卑劣招數來進行輪番轟炸。所以，臉皮越厚，瞭解的招數越多，越有可能在談判中佔優勢，減少失敗的次數。

10. 別把自己的想法寫在臉上

當你退讓時，至少要從對方那裡得到相當價值的回應。若要確定對方的回報是否實際，必須自問一個問題：對方的退步對達成協議有否價值？

11. 慢慢敲竹槓，使對方一讓再讓

先將對方價格壓到最低，再一步步提出各種小小的要求，讓對方總感覺到只差一點點就成交，直到最後簽下合約時，已在不知不覺中喪失不少利潤了。

12. 摸清辦公室裡的相處之道

自命清高的人，往往就是辦公室裡惹人討厭的傢伙，由於不懂得應對進退之道，最後終將在劇烈而又爾虞我詐的競爭中失敗。

想要反擊對手，
就要當個舌戰高手

機智而又針鋒相對、尖酸刻薄的詭辯語言，

就是經過高度淬煉的舌戰語言，

在面對自己不喜歡的對手時，

不妨如法炮製。

對你好的人不一定都是真心的

適度提防他人，並保持一定的交往距離，反而能讓我們有更好的人際互動，也更能保護我們自己，而不至於誤入人們笑裡藏刀的陷阱中。

笑來突破別人心防。

人與人之間的交往是很奧妙的，充滿了糾葛，也充滿了機巧。

單單以掩飾情緒爲例，有人懂得用哭來發洩鬱悶，或博取同情，有人則懂得用

鄭袖是楚懷王的夫人，長得漂亮又聰明機智，很得楚王的寵愛，但好景不長，

不久魏王送來了一位美人，很快地便把楚王迷得團團轉。

鄭袖對此非常傷心，但即將被打入冷宮的她，表面上卻裝得若無其事，既不向

楚王抱怨，反而對新妃嬪熱情對待。

很快地，鄭妃便與新妃結成姐妹，兩個人情同知己，彼此之間什麼秘密都沒有。

一點心防都沒有的新夫人，常對鄭妃說：「姐姐，非常感激妳對我這麼好。」

鄭妃則虛情假意地說：「這沒什麼，姐妹共事一個丈夫，本來就應該不分彼此，

再說丈夫身為君王，日理萬機，我們更應該多加體貼他，如果我們不能把後宮處理

和諧，那不是更為夫君增添麻煩嗎？妹妹，看見妳能讓君王如此快樂，我其實也相

當開心，我應該感激妳才對啊！」

新妃聽了這番話，感動地說：「姐姐言重了，妹妹實在擔當不起，還請姐姐多

多給予教訓，教導我如何讓丈夫更加快樂！」

鄭妃笑著說：「不必客氣，只要我們和睦相處，我們的丈夫自然就會快樂。」

楚王見這對如花似玉的夫人相處得這麼好，心裡也十分高興，說道：「女人大

多憑美貌來博取丈夫歡心，而且各自較勁。但夫人卻不會如此，反而能體貼、體諒

我，實在太好了。」

鄭妃聽見道楚王的讚許與信任，知道計謀得逞，便開始進行她的下一步計劃。

有一天，和新妃閒談之時，鄭妃便對她說：「妹妹，大王經常在我面前說妳又漂亮又聰明，只是有一件事，大王似乎對妳的塌鼻子有點意見。」

新妃一聽，著急地問：「那怎麼辦，姐姐？」

鄭妃若無其事地回答說：「這也沒有什麼，以後妳見到大王時，只要把鼻尖輕輕地掩一掩不就行了？」

新妃認為這個辦法很好，從此她見到楚王，便會就把鼻子掩起來。幾次之後，楚王對這個舉動感到奇怪，卻又不好當面質問，便找來鄭妃問話：「為什麼新妃每次見到我時，就把鼻子掩起來呢？」

鄭妃一聽，故意支吾地說：「我……我聽她說，但……」

楚王見她欲言又止，有點動怒，便說：「妳說吧，夫妻之間還有什麼不可以直說的？就算說錯了，我也不會怪妳。」

鄭妃連忙裝出害怕的模樣，低聲道：「她說，您身上有一股噁心的臭味。」

楚王一聽，生氣地拍了桌面一下，怒斥道：「胡說！我身上哪有什麼異味啊？她居然敢埋怨我？真是豈有此理！」

忽然，楚王大吼一聲：「來人啊，把那個賤人的鼻子割下來。」

可憐的新妃就這麼莫名地毀去了美麗容貌，至死還不知道是好姐妹鄭妃害的。

林肯曾經說過：「假如你要別人全盤接受你的意見，就必須想辦法設法使他相信你是他的忠實朋友。」

鄭妃的虛情假意、口是心非，無疑是現實社會的厚黑通例。

當新妃被最信任的人害死時，相信許多人也清楚地看見，會傷害我們的人，往往是我們最不會去防備的人。

明槍易躲，暗箭難防，適度提防他人，並保持一定的交往距離，反而能讓我們有更好的人際互動，也更能保護我們自己，而不至於讓自己一再地錯估形勢，一再地誤入人們笑裡藏刀的陷阱中。

有效的分化，會讓敵人自相殘殺

想要瓦解強敵的勢力，最有效的辦法就是挑起他們的猜忌，讓他們自行分化、自相殘殺。

面對強敵的威脅，只要我們玩弄分化的手段，讓對手起內鬨，使他們無法槍口一致向外，最後的勝利當然是站在我們這邊。

東漢末年，王允與呂布等人合謀誅除董卓，接著便在朝中捕殺董卓餘黨，這也引起了董卓部將的不安，李傕、郭汜立即發動暴亂，很快地便攻下長安，殺死王允，控制了朝政。

然而，李傕與郭汜卻放縱兵士在長安大肆搶掠，導致居民死傷數萬，讓太尉楊

彪、司馬朱信雋等元老重臣處心積慮想除掉二人，卻
是一項大難題。

這天，楊彪與朱信雋計議說：「聽說郭汜的妻子十分會吃醋，現在我們可以散
佈謠言，說郭汜與李催的妻子有染，如此一來，她一定會禁止郭汜與李催往來，然
後我們再暗中派人召曹操入朝勤王，乘二人分裂之時攻打他們。」

果然，當八卦消息傳到郭汜妻子的耳裡，她便處處阻礙郭汜到李催家。有一次，
李催在家中宴客，見郭汜沒有出現，便派人將飯菜送至郭家，沒想到郭妻居然暗中
在菜裡放了毒藥後才端給郭汜。

當郭汜剛要吃時，他的妻子連忙阻止，說要丟些飯菜給狗吃，沒想到狗才吃了
一口，便倒地死亡。從此，郭汜對李催有了間隙。

又過了幾天，李催又在家設宴請郭汜，巧合的是，郭汜那天回到家後，居然肚
子絞痛起來，郭妻更煞有其事地幫他催吐，沒想到一番催吐後，郭汜的肚子居然不
疼了，這個巧合更令郭汜從此惱恨李催。

他心裡想著：「李催這斷不懷好意，處處想置我於死地，如果我再不先下手，

必然會被李傕所害。」

於是，他立即調動自己的軍隊，準備進攻李傕，而李傕在家中聽到郭汜的行動，也立即整兵備戰，最後郭、李聯盟就這麼徹底瓦解了。

治敵的方法人人都有，只是巧妙各有不同，想要瓦解強敵的勢力，最有效的辦法就是挑起他們的猜忌，讓他們自行分化、自相殘殺。聰明的老臣們沒有直接對著主角下手，而是從郭汜的妻子下手，借別人的手來推動分化計謀，自己又能總攬全域，而不必耗費任何精神力氣，自然是妙招了。

再聰明的人也會有盲點和弱點，如何讓對方不自覺地曝露自己的缺點，是許多教戰守則裡一再告訴我們的絕妙方法，只要能靈活運用，在對手之間製造矛盾的缺口，那麼，我們便能為自己創造一個機會的入口。

提出事實讓對手心服口服

要說服對手，特別是遇到強勁的對手時，沒有幾項無可辯駁的證據，是無法使對方心服口服的。

一九三〇年，香港知名的茂隆皮箱行與英國商人威爾斯簽署了一紙嚴苛的買賣合約：威爾斯訂購皮箱三千只，價值二十萬元，但是必須在一個月內按期交貨，逾期則賣方要賠償買方百分之五十的損失。

茂隆皮箱行日夜趕工之下終於如期交貨，豈知，威爾斯試圖訛詐賠償金不成，又以皮箱中用了木料為由，提出訴訟——用料有假，品質不實，要求賠償損失。他自以為有了必勝把握，橫財就要到手。茂隆皮箱行老闆不甘蒙受巨大損失，毅然決定聘請當時香港著名的律師羅文錦，為自己辯護。

在一次法庭辯論中，羅文錦律師從自己口袋裡拿出一只錶問法官：「請問法官，這是什麼錶？」

「金錶。」法官很快便回答。

羅律師又問：「請問，這個金錶，除了錶殼是金子做的以外，其餘的機器零件都是金製的嗎？」

旁聽席上眾人齊答：「不是。」法官也點頭認可。

羅律師於是義正詞嚴說道：「由此可見，茂隆皮箱行一案，根本是原告無理取鬧，存心敲詐。」

羅文錦的力辯，打碎了威爾斯敲詐勒索的夢想。法庭最後判處威爾斯誣告罪，罰款五千元，威爾斯真是賠了夫人又折兵，偷雞不著蝕把米。

一九八〇年中期，日本新日鐵公司為上海寶山鋼鐵公司運送一箱資料，清單上標明六份資料。可是，寶山公司拆箱清點時，卻只有五份，於是向新日鐵公司交涉。

不可避免的一場談判立即展開。

日方代表堅持說：「我方所提供貴方的資料，裝箱時都經過多次檢查，不可能有漏裝的情形。」

針對日方的辯解，寶鋼代表反駁：「我們開箱時有多人在場，開箱後又經過幾次清點，是在確定資料短缺後才向你們提出的。」

爲了撥開迷霧，寶鋼代表在第二輪談判中，首先列舉散失資料的三種可能：一是日方漏裝，二是運送途中散失，三是中方開箱時丟失，答案必在這三種假設之中。

新日鐵代表承認這三種可能後，寶鋼又指出：「如果，資料是在運輸途中散失的，那麼木箱必有破損之處，現在木箱完好無損；另外，若是資料是我方開箱後丟失的，那麼木箱上印製的淨重，就應該大於五份資料的重量。所以，資料既不是途中散失，也不是我方開箱之後丟失的。」

三個可能當中，已經否定了兩個，還有一個可能是什麼呢？這是明擺著的事實。

日方見中方的說法無懈可擊，只得同意發電查詢，最後不得不承認漏裝了一份。

要說服對手，特別是遇到強勁的對手時，沒有幾項無可辯駁的證據，是無法使對方心服口服的。

第一例中，蓄意敲詐的威爾斯，似是而非的把「皮箱」解釋成「全用皮做的箱子」；而羅文錦律師運用類推法駁回他的詭辯，假如含有木料的皮箱不是皮箱，那麼不是金製零件的錶就不是金錶。而事實上，不是金製零件的錶是金錶，所以含有木料的皮箱仍是皮箱。

第二例中，遺失資料一事，開始時只是「公說公有理，婆說婆有理」，到了第二輪談判時，中方強而有力的論證和推理，駁倒了日方的理由，無可辯駁的證明了他們的疏失。

做人要藏心，做事要留心

只要比賽是在我們的球場，用我們的規則、用我們的球、配合我們的水準來進行，我們就會表現得很傑出。

——馬汀·史塔爾

懂得批評的藝術，才不會讓人發怒

批評應該針對對方的行事，而非針對對方本身。這樣的批評不但無法達到勸諫的效果，反到會令對方惱羞成怒，進而會破壞彼此間的關係，不可不慎！

俄國諷刺小說家克雷洛夫在提及說話辦事的技巧時，曾經幽默地說：「語言就像是一把剃刀，最鋒利的剃刀會幫你把臉刮得最乾淨，不過，你必須做到靈活地運用這把剃刀。」

確實，說話辦事之時，遇到難纏的對象，一定要先掌握人性的弱點，靈活運用迂迴戰術找出突破口，千萬不要一味強調自己的立場，試圖講道理、擺事實說服對方，否則只會讓對方產生逆反心理，導致雙方相持不下。

尤其是不得不開口批評別人的時候，更需要費點心思。

批評是一種藝術，要做到批評別人還使對方心服口服，就要講究竅門，下面談談一些可行的批評方式。

● 請教式批評

有個人在一處禁止垂釣的水庫邊網魚，這時從遠處走來一位員警，釣魚者心想這下糟了。

但員警走來後，不僅沒有大聲訓斥他，反而和氣地說：「先生，你在此洗網，下游的河水豈不被污染了嗎？」

這種請教式的批評令釣魚者十分不好意思，趕忙道歉。

● 暗示式批評

某家工廠的員工小王要結婚了，主任問他：「小王，你們的婚禮準備怎麼辦呢？」

小王不好意思地回答說：「依我的意見，婚禮簡單點就好，可是丈母娘卻說她

就只有這個獨生女……」

主任說：「喔，不過，我們工廠內的小玉、小靜也都是獨生女啊！」

在這段話中，雙方都用了暗示性的話語。小王的意思是婚禮得辦得豪華些，而主任則暗示別人也是獨生女，但她們的婚禮還不是辦得很簡單？

• 模糊式批評

某個政府單位為了整頓紀律，召開員工大會，在會上領導人說：「最近，我們單位的紀律整體而言很好，但有個別的同事表現較差，有的遲到早退，也有的則在上班時間聊天打混……」

這裡用了不少模糊語言：「最近」、「總體」、「個別」、「有的」、「也有的」……等等。這樣既顧全了同事的面子，又指出了問題所在，這種說法往往比直接點名批評的效果更好。

• 安慰式批評

年輕時期的莫泊桑曾向著名作家布耶和福樓拜請教詩歌創作，這兩位大師一邊

聽莫泊桑朗讀詩作，一邊喝香檳酒。

布耶聽完後說：「你這首詩雖然不甚通順，不過我讀過更壞的詩。這首詩就像

這杯香檳酒，雖不美味但還是能喝。」

這個批評雖然嚴厲，但留有餘地，仍給了對方一些安慰。

• 指出錯時也指明對

大多數的批評者往往把重點放在指出對方「錯」的地方，但卻不能清楚地指明

「對」的應該怎麼做。

有人會批評別人說：「你非這樣不可嗎？」基本上這是一句廢話，因為沒有實

際內容，只是純粹表示個人的不滿意罷了。

• 別忘了用「我」字

一位女性對她的同事說：「妳這套時裝過時了，真難看。」

這只能是個人的主觀意見，他人不見得能認同。

正確的表達方式，應當說明那是「我個人的看法而已，僅供參考」。這樣，別

人比較能接受，也才有興趣瞭解你爲何有此看法。

批評總是不動聽的，所以開口之前，最好多想想。

另外，批評應該針對對方的行事，而非針對對方本身，不然就是人身攻擊了；

這樣的批評不但無法達到預期的效果，反到會令對方惱羞成怒，進而會破壞彼此間

的關係，不可不慎！

說服，絕非不可能任務

要想使說服成功，就要注意消除對方的防範心理。最有效方法，就是反覆給對方一些暗示，表明自己是朋友，絕非敵人。

常常遇到這樣一種情況：你在與別人爭論某個問題時，分明自己的觀點是正確的，但就是不能說服對方，甚至還被對方「駁」得啞口無言。

這是什麼原因呢？心理學家認為，要爭取別人贊同自己，僅觀點正確還不夠，更要掌握一些說話的技巧。在日常交談中，掌握說服別人的技巧至關重要，是支持你邁向成功的必備條件。

說服別人，要以理服人、以情服人、以禮服人。

說服別人要有耐心，更要懂得方法和技巧。說服不能靠勢力、權力去強壓人，更不能靠投機、欺騙手段，否則，別人充其量只會口服，但內心不服，就不會達到說服的目的。

說服別人之前，先要說服自己，並且應當入情入理。如果強詞奪理，只會讓人產生對你的厭惡。以下，是說服人的幾大法則：

• 以退為進，調節氣氛

首先，應該設法調節談話的氣氛。

如果你察言觀色，用提問的方式代替命令，並給人以維護自尊和榮譽的機會，氣氛就是友好而和諧的，說服也就自然而然地成功了。反之，在說服時不尊重他人，擺出一副盛氣凌人的態度，那麼說服就很難收到功效。

人人都有自尊心，誰都不希望自己任他人支配。

有一位中學老師，非常善於調節氣氛來說服自己的學生。一日，學校安排各班

級學生參加平整操場的勞動服務，大家都很努力，只有這個班的學生躲在陰涼處偷懶，老師無論如何說都無濟於事。

後來，老師想到一個以退為進的辦法，問學生：「我知道你們並不是怕累，而是怕熱吧？」

學生們一聽，自然不願承認懶惰，於是七嘴八舌地說，確實是因為天氣太熱了。

老師接著又說：「既然是這樣，那我們就等晚一點再弄，現在先輕鬆一下吧！」

學生一聽就高興了，老師為了使氣氛更熱烈一些，還買了幾十支雪糕讓大家解暑。在說說笑笑的玩樂氣氛中，學生接受了老師的說服，不久之後便開始認真地清掃整理起來。

- 善意威脅，以剛制剛

很多人都知道用威脅的方法可以增強說服力，卻不會運用，說穿了，關鍵是要「合理」。

運用善意威脅可以使對方產生恐懼感，從而達到說服目的。

一次活動中，領隊領著所有團員來到偏僻的鄉下，風塵僕僕地趕到事先預定的旅館，卻被告知當晚由於某方面原因，原來訂好的套房沒有熱水。

爲了解決此事，領隊只好去找旅館經理。

領隊：「對不起，這麼晚了還把您請出來。天氣這麼冷，大家都很累了，不洗個熱水澡怎麼行呢？更何況，我們預定時說好要供應熱水的，這狀況只有請您來解決了。」

經理：「這我也沒有辦法，鍋爐工回家去了，沒有人放水、燒水。我已叫其他員工開了公共大浴室，你們可以到那裡去洗。」

領隊：「是的，我們大家可以到公共浴室去洗澡，不過話要講清楚，付了套房的錢，卻得到這種等級的服務，你們只能收通舖的價錢，其餘必須按照標準退費。」

經理：「那不行。」

領隊：「您不願意退費，唯一的辦法就是供應套房浴室熱水。」

經理：「我沒有辦法。」

領隊：「不，您一定有辦法！」

經理：「你說，有什麼辦法？」

領隊：「您有兩個選擇，一是把鍋爐工找回來，燒好熱水，然後再拎到每一個房間去，並且賠罪。當然，我會配合您，勸所有團員耐心等待。」

交涉的結果，旅館經理被領隊的威脅所說服，派人找回了鍋爐工。四十分鐘後，每間套房的浴室都有了熱水。

儘管威脅能夠增強說服力，但在具體運用時，要注意以下幾點：態度友善、講清後果並說明道理、威脅程度不要太過分。

不能遵守，極有可能會弄巧成拙，使對方惱羞成怒，達不到說服目的。

• 消除防範，以情感化

這種方法，用在你和要說服的對象較量時。

此時，彼此都會產生一種防範心理，尤其是在危急關頭。要想使說服成功，就

要注意消除對方的防範心理。

從潛意識來說，防範心理的產生，是一種自我保護，也就是當人們把對方當成假想敵時，產生的自衛心理。消除防範心理的最有效方法，就是反覆給對方一些暗示，表明自己是朋友，絕非敵人。

暗示可以採用種種方法來進行，例如主動噓寒問暖、給予關心、表示願意給予幫助等等。

有一個計程車司機，把一名男性乘客送到指定地點時，對方突然掏出尖刀逼他把錢都交出來。

他裝作害怕的樣子，交給歹徒一千多元，說道：「今天我就賺這麼一點，我還有一把零錢，也給你吧！」說完又拿出一大堆零錢來。

見司機如此爽快，歹徒有些迷惑。司機見自己似乎軟化了對方的心，便又接著問：「你要去哪裡？說個大概的地點，我送你回家吧！」

見對方不反抗，歹徒便把刀收了起來，讓他送自己到火車站去。

趁氣氛緩和下來，司機開始啓發歹徒說：「我家裡經濟狀況原來也非常困難，我又沒啥本事，後來就跟人家學開車。幹起這一行來，雖然眞的賺不多，但也還過得下去，至少自食其力，心安理得嘛！」

歹徒沉默不語，司機繼續道：「男子漢四肢健全，只要有心，什麼不能做？你想清楚了，走上這條路，哪天一失手，一輩子可就毀了。」

火車站到了，見歹徒要下車，司機又說：「我的錢就算幫助你的，用它做點正事，想想我說的話，以後自食其力吧！」

一直不說話的歹徒聽完，突然哭了，把鈔票往司機手裡一塞說：「大哥，我知道錯了，眞對不起！」說完，開了車門就跑。

在這個事例中，司機正是運用了消除防範心理的技巧，最終達到了說服的目的，自己也沒有遭受任何損失。

善用技巧，把話說到對方心裡，說服力必定會相對提高，要想在互動中佔得便宜，自然不再是不可能任務。

想要反擊對手，就要當個舌戰高手

機智而又針鋒相對、尖酸刻薄的詭辯語言，就是經過高度淬煉的舌戰語言，在面對自己不喜歡的對手時，不妨如法炮製。

俄國諷刺小說家克雷洛夫在提及說話辦事的技巧時，曾經幽默地說過：「語言就像是一把剃刀，最鋒利的剃刀會幫你把臉刮得最乾淨，不過，你必須做到靈活地運用這把剃刀。」

俄國著名的詩人馬雅可夫斯基，是個伶牙俐嘴的舌戰高手，曾經在一次大會上，對形形色色的聽眾發表演講。

演講結束後，台下忽然有人高聲喊著：「您講的那些笑話我聽不懂！」

「莫非您是長頸鹿？」馬雅可夫斯基聽了，故意感歎道：「只有長頸鹿才可能在星期一浸水，到星期六才感覺濕呢！」

一個矮胖子擠到台上嚷道：「我應該提醒您，馬雅可夫斯基先生，從偉大到可笑，只有一步之差。」

「不錯，」馬雅可夫斯基邊說邊用手指著自己和那個人的距離：「沒錯！從偉大到可笑，正是一步之差。」

馬雅可夫斯基接著讀台下遞上來的紙條：「馬雅可夫斯基先生，您今晚賺了多少錢啊？」

他讀完後回答：「這與您有何相干？反正您是分文不給的。」

又一張紙條說：「您的詩太駭人聽聞了，這樣寫詩是會短命的，若是你明天就完蛋的話，您會被遺忘，根本不會成為不朽的人。」

馬雅可夫斯基答：「請您過一千年再來，到那時候我們再談這個問題吧！」

更有一張紙條上寫：「您說，有時應把沾滿塵土的傳統和習性，從自己身上洗掉。那麼，您既然需要洗臉，也就是說，您是骯髒的了。」

他不慌不忙答：「那麼您不洗臉，就以爲自己是乾淨的嗎？」

又有人傳來紙條，上頭說：「馬雅可夫斯基，您爲什麼在手上戴戒指？這對您來說很不合適。」

他同樣的很快回答：「照您這麼說，我不應該把戒指戴在手上，而應該戴在鼻子上嘍？」

紙條又飛來一張說：「您的詩不能使人沸騰，不能使人燃燒，也不能感染人。」

馬雅可夫斯基答：「當然，我的詩不是大海，不是火爐，也不是鼠疫。」

馬雅可夫斯基機智而又針鋒相對、尖酸刻薄的詭辯語言，就是經過高度淬煉的舌戰語言，在面對自己不喜歡的對手時，不妨如法炮製，狠狠修理對方一番。

面對狡詐的策略必須速戰速決

不管採用什麼策略來對付故意設置障礙的把戲，都不能任其長時間拖延下去，避免費時太多，投入人力過高，而弄得騎虎難下。

某國欲建造一座貨櫃碼頭，有意委託Ａ國一家設計公司代為設計一套進出港管理的電腦系統。雙方幾經磋商，終於就合約條款達成了基本共識，只差一步就跨進正式簽訂合約的門檻。

這時已近年節，雙方約定年假過後正式簽約，於是Ａ國業務員便提前返國休假。

這位業務員回國後與設計公司相關部門負責人，就價格問題詳細商討，年假一過，得意洋洋的返回駐地。

可是，當他看到對方提出的合約書時，不由得直翻白眼——合約書上所列條件

嚴苛得無法想像，如果就這樣簽下合約的話，日後設計公司非付違約罰金不可。

他不知道為何對方把原來談妥的條款取消，而設置一大堆達成合約的障礙。但是，他仍不死心，找出一些爭議點後，再次進行交涉，但對方卻堅持寸步不讓。

接下來的幾週，任憑這位業務員說得口乾舌燥，費盡心機，還是留在原地踏步，毫無進展。業務員心想：「這樣下去，可就沒完沒了。」為了改變情勢，只好先行回國商議。

然而，他一回到自己的國家時，居然傳來了意想不到的驚人消息──貨櫃碼頭的管理電腦系統設計案已被競爭對手搶去，並已簽下合約。

令他氣憤的是，對方竟然提出一些不合理的條款，來拖延合約的簽訂時間，一面又與競爭對手接觸，暗中交涉，迅速簽下合約，真是欺人太甚。

面對上司的暴跳如雷，這位業務員後悔當時對方承諾要簽約時，沒有乘勝追擊，速戰速決立刻拿下合約。他真是不該提前回國過年的。

當然，這是業務員單方面的想法。或許，對方一開始就腳踏兩條船，在競爭者

中選擇目標。碰上了這麼一個難纏的對手，他所做的一切，只不過是設法在達成協議的道路上設置障礙，不管提出任何優惠或做出多少讓步，他就是不為所動，誰碰到了都是件苦惱的事。

雖然，這位Ａ國業務員碰到的是這麼一種狡詐的策略，確實令人生氣，但如果硬著來，這位「障礙專家」一定會從他這裡壓榨出所有可能的讓步，而不給予任何一點回報。

所以，如果碰上這樣的對手，必須擬定出速戰速決的策略，當你發現對方確實是個障礙專家，應當立即為談判過程定出期限。你可以直截了當地說，你之所以要定這個期限，是因為覺得對方缺乏誠意。

此招的缺點是，對方可能認為你在虛張聲勢，而繼續我行我素。

真是這樣的話，你就得有中斷談判的心理準備，向對方說：「事情到了這個地步，我看這筆交易已經沒有任何可能了。但是，如果您決定什麼時候再談，打個電話給我好了。」

但無論如何，你中止談判後，要把恢復談判的主動權留給對方。對方要復談，就得來找你，你在策略上就占了上風；如果沒來找你，你也別難受，沒做成交易，總比做成一筆壞交易要好。

不管採用什麼策略來對付這種故意設障礙的把戲，都不能任其長時間拖延下去，避免費時太多，投入人力過高，而弄得騎虎難下。

做人要藏心，做事要留心

現在，每一項競爭都會變成全球戰爭，輸贏都取決於速度及對改變的反應能力等因素。每個人都要因應要求更高、更激烈的競爭要求。

——凱·林歐斯特

重點突破就能坐收成果

談判的目的，是為了尋找雙方的妥協點，以求達成協議。要想從逆境中走出來，必須很仔細、有耐心的尋找打開交涉之門的線索。

T君進入公司第三年時，上司派他負責一項土地開發計劃，把東京鐵道沿線某個車站周圍的土地購買下來。

這片土地的地主大都是主管階層的上班族，每天早出晚歸，晚上要七點多鐘才會回到家中。

T君於是在七點過後才開始拜訪客戶。只要對方一打開門，他就上前自我介紹：

「我是××公司，想和您談談車站附近那塊土地的事！」

但是，大部分人卻不客氣的回答：「我們對這件事不感興趣，你可以走了！」

T君還來不及說明整個計劃的優點，對方就把大門關上，根本無法開始交涉。

如果面對的是商場中人，不管感不感興趣，或是能否達成交易，都會請你到裡邊坐坐，聽聽意見，至少不會把你轟出大門。可是，面對這些地主，真是毫無辦法。

T君覺得不能就此罷休，否則有負重託，於是仍然每天晚上前去拜訪，卻一次次的被轟出門，無奈至極。

處於窘境中的T君，最後想到了一個最有效的辦法——找出對這些地主具有影響力的第三者。

這些地主，以往都是農家子弟，因都市發展而搖身一變，成了地主，他們當中存在著昔日村長式的領袖人物。

T君經過調查還發現，這些地主原來都是出自同一名門望族，如果說動了他們的族長，再由他向地主們說一聲，不愁土地收購不成功。

T君為確保成功率，不只對族長一人下手，還動員了當地具有威望的所有有力人士，向地主們詳細解釋土地收購計劃的優點。

T君與這些人商談的過程中，發現有些有力人士，並不是能用金錢收買的，他

們非常在意地方上的繁榮。

T君於是立即改變策略，向有力人士宣稱他的計劃「是為了地方上的經濟繁榮」，並杜撰出一些將會帶來的利益，再附加金錢的收買。

T君的策略大見成效，在短短的時間內，就完成了土地收購的工作。

談判的目的，是為了尋找雙方的妥協點，以求達成協議，但若碰到不擅交涉或粗魯的對象，往往會陷入難以突破的窘境。這時，要想從逆境中走出來，必須很仔細、有耐心的尋找打開交涉之門的線索。

做個聰明的老實人

做人應當誠實正直，不要有害人之心，

不過，防人之心也不可無，

畢竟人的心思是很難讀懂的，

必須提防別人口蜜腹劍的算計。

做人不要強出頭

如果刻意地在對方面前，表現自己高人一等，或是炫耀自己的小聰明，反而會自曝在危險之中，甚至讓旁人視為愚蠢的舉動。

許多人在待人接物之時，總是喜歡吹噓自己，試圖把別人比下去。

殊不知，刻意地炫耀你的聰明或才華，只會讓你顯得愚昧，贏得一時的虛榮，卻喪失更遠大的前景。

隋代的薛道衡文才出眾，十三歲就能背誦《左氏春秋》。

隋文帝時，薛道衡被任命為內史侍郎，在隋煬帝時，則外放擔任潘州刺史，直至大業五年，才被召回京師任職。

當時，薛道衡寫了一篇《高祖頌》，自己頗感得意，但隋煬帝看完後，不悅地說：「只不過是文辭華麗而已。」

因為，隋煬帝楊廣一向自認文才甚高，認為沒有人能超越自己，所以對薛道衡的文才心存嫉妒。

當時，有位御史大夫見狀，便乘機進讒言：「薛道衡自負擁有才子之名，不把皇上看在眼裡，這根本存有造反之心。」

內心極度不悅的隋煬帝因而聽信讒言，下令將薛道衡處以絞刑。

這說明了，鋒芒畢露的人時間一久，便會引來旁人的嫉妒，周圍的人因為感到自己的無能，也不願與他合作。

當年，孔子年輕氣盛之時，曾經向老子問學。

老子只對孔子說：「良賈深藏若虛，君子盛德容貌若愚。」

意思是說，善於做生意的商人，總是隱藏寶貨，不會讓人輕易看見，而品德高尚的君子，容貌總是顯得愚笨拙劣。

唐順宗就深明這層道理，即使貴為太子之時，也儘量小心翼翼地注意自己的言行，以免惹來禍害。

喜歡以天下為己任的唐順宗，還是太子身份時，便曾對東宮幕僚說：「我要竭盡全力，向父皇進言革除弊政的計劃！」

幕僚王叔文聽了，深以為不妥，立即向他諫言：「身為太子，首先應該做的事情是盡孝，你應該多向父皇請安，問候起居冷暖，因為改革是目前最棘手，也最敏感的問題，如果你過分熱心，有心人就會以為你企圖以國家改革的名義來招攬人心，萬一讓皇上誤會你想篡位，而對你有所猜忌，對你來說並不件好事，而且更無助於國事改革啊！」

唐順宗聽完這番話後，立刻有所省悟，之後便收斂許多。

這樣的改變，讓他在唐德宗荒淫專制的晚年，沒有招來不測的災禍，也才能成就日後唐朝的順宗改革。

從故事中我們明白，處理人際關係時，務必要謹慎小心，不要傷及對方的自尊

心，也不要引起別人的猜忌。

如果刻意地在對方面前，表現自己高人一等，或是炫耀自己的小聰明，反而會自曝在危險之中，甚至讓旁人視為愚蠢的舉動，輕則讓對方更加自卑，從此拒絕與你來往，重則讓對方想要挫挫你的銳氣，反而讓自己陷入危機。

當然，在這個講求分工合作的現代社會，如果沒辦法讓組織團結，有些工作根本無法完成，因而我們也不必對工作採取消極的態度，只要小心表現，不要處處張揚，表現出令人反感的小聰明，試圖將榮耀獨攬在自己身上，那麼你自然而然能處處化險為夷。

做人要藏心，做事要留心

那些在炮火下跑進你腦海中的創造性想法，將被安全地保留在那裡，直到永遠永遠。

——托洛茨基

做個聰明的老實人

做人應當誠實正直，不要有害人之心，不過，防人之心也不可無，畢竟人的心思是很難讀懂的，必須提防別人口蜜腹劍的算計。

亞里斯多德曾說：「人在最完美的時候，似乎是動物中的佼佼者，但是，當他為了一己之私的時候，便是動物中最差勁的東西。」

正因為人性本詐，做人做事必須懂得一些厚黑手法，才不會老是被坑被騙。

古人一再提醒我們：「防人之心不可無」，強調與人合作或共謀時，在尚未熟悉對方的確實情況之前，千萬要小心謹慎，不要過度地暴露個人心思，這樣才不會被有心人利用，而讓自己陷入危機之中。

總而言之，就是要設法做個聰明的老實人。

唐高宗死後，武則天開始垂簾聽政。為了順利得到天下，並壓制宗室大臣的不服與反抗，於是，在東門設立「銅匭」，下令如果發現任何圖謀不軌的情況，都可以用密函的方式，將信件扔進銅匭，只要密報經查證後確實無誤，告密者便可以得到封官晉祿的獎勵。

當時有位胡人李元禮，便是因告密成功，而獲得了游擊將軍的官銜。

其他像是尚書都事周興、來俊臣等人，見狀也紛紛效法，競相羅織他人的罪名，讓自己的官運扶搖直上。

在這些人當中，以周興最為機敏狡詐，當時他蓄養了一批專門告密的地痞流氓，每當他想陷害某人時，便會命令這些流氓前來告密，然後弄假成真。

周興還挖空心思製造了一系列令人不寒而慄的刑具逼供，還將這些刑罰取了一些好聽的名目，如定百脈、突地吼、鳳凰曬翅、仙人獻果、玉女登梯……等等。

當受審的嫌犯一看到這些「別出心裁」的刑具，早就被嚇得魂飛魄散，無不寧願立即招供，以免受罪煎熬。

然而，風水輪流轉，這天周興居然被人告密了，說他串通其他人試圖謀反，蓄意奪權，武則天對此事甚為重視，立即指派來俊臣審理此案。

曾與狼狽為奸的來俊臣深知，周興是憑著告密用刑起家的，想要讓他老實招供並不是件容易的事。

於是，他先邀請周興一同飲酒，席間則不斷地稱讚周興，鬆懈他的心理防衛，最後向他請教：「周兄，我最近碰到了一個十分狡猾的犯人，各種刑具我都用過了，他就是不肯招供，不知道你願不願意教我幾招？」

已經被來俊臣捧得飄飄然的周興，不知其中有詐，不假思索地對來俊臣說：「老弟，我跟你說，如果你把這個狡猾的囚犯放入一個大甕，然後架在火上烘烤，你想他招或不招？」

來俊臣一聽，樂得拍手稱妙，立即派人搬出來大甕，並架起炭火。

周興一看，原來的好氣氛都被弄壞了，不悅地問：「老弟，難道你要在這裡審訊犯人嗎？」

只見來俊臣笑著命人撤去殘席，接著拿出武則天的敕文，板起臉孔對著周興說：

「請君入甕吧！」

果然，周興還未置身大甕，便馬上招供。

雖然這是則發生在唐朝的歷史典故，然而，卻是做人做事上常用的厚黑謀略，必須時時以此警惕自己。

做人應當誠實正直，不要有害人之心，不過，防人之心也不可無，畢竟人的心思是很難讀懂的，必須提防別人口蜜腹劍的算計。

如果你在得意之時，不小心謹慎，輕易地暴露了自己的實際情況，恐怕會讓自己一直處於失敗之勢！

做人要藏心，做事要留心

世界上到處都進行著各種形式的戰爭，沒辦法，我們就是愛打仗。我們不是防守的一邊，而是進攻搶奪的一邊。

——大衛·漢考克

製造玄機就能化解危機

競爭過程中，原本就是要虛實交互運用，讓競爭對手握不住你的實力，從而無法與你進行對抗。

自己的真實力量，有時需要向對手全部展示，但有時候也要巧妙地掩藏起來。

然而，什麼時候該進行「火力展示」，什麼時候又該隱藏實力，則要依當時的實際情況而定，只要我們運用得當，自然能受益無窮。

孫臏和龐涓都是鬼谷子的學生，後來龐涓先行下山，當上了魏國駙馬，並陷害孫臏受到「臏刑」，導致雙腳殘廢。孫臏脫險之後，先以圍魏救趙之策大挫龐涓的銳氣，然後又在戰場上與龐涓正面決戰。

由於孫臏計高一籌，鬥智而不鬥力，所以，他運用「減灶法」製造假象，在戰場上逐漸減少燃灶的數目，讓龐涓誤以為孫臏節節敗退，命令手下軍士緊追不捨。

直到兩軍在馬陵道會戰，孫臏依計整合全部兵馬，給了龐涓迎頭痛擊，龐涓才知道中計，最後被亂箭射死。

這是戰場上的謀略，所謂知己知彼，百戰百勝，商場之中也是如此。

我們首先要對自己有正確的評價，然後瞭解對手的虛實，先適度地隱藏自己的實力，學會製造假象，讓對方錯估情勢，進而為自己製造一個絕佳的優勢。

曾經，有家銀行忽然傳出財務不穩的消息。當時已經接近下班時間，銀行馬上被擠兌的人潮擁得水洩不通，此時如果處理不當，銀行很有可能會就此倒閉。

所幸，該銀行的經理鎮定自若，不慌不忙地將庫存的現鈔全部搬了出來，一面延長銀行營業時間，另一面緊急向同行拆借現金。

當趕來擠兌的人，看見現場現金如此充足，不禁相信銀行的實力沒有問題，大都認為財務不穩的消息應該是個謠言，再加上大排長龍的等待，實在浪費時間，便

放心地回家休息，擠兌的人數立即明顯變少了。

另外，一些銀行大戶，看見銀行的情形穩定，又想到提領完現金還有被搶的風險，索性相信銀行，也省得為自己增添麻煩，這場擠兌風波也就此煙消雲散。

另一個例子是，曾經有某家上市公司，因為市場派和當權派爭奪經營權，而藉著拉攏股權的方式爭奪不休。

在股權開始進行登記之後，市場派四處活動，到處請託送禮，拉攏的股權很快地便超過了當權派。在兩者股權拉長了距離之後，市場派預估其餘小股東不會出席，又見當權派無力拉攏，眼見局勢已定，便自信滿滿地認為，一切穩操勝算，便對當權派的注意力逐漸鬆懈，甚至開始為奪權成功大肆慶祝。

未料，當權派早就暗中拉攏其餘的分散股權，努力邀請他們聚餐歡敘，並在登記截止的期限前一刻，帶著小股東全數前往會場，進行登記手續。

這個情況讓市場派頓時傻眼，面對這樣致命的一擊，他們根本無法招架，在完全沒有掙扎的餘地之下，只能以奪權失敗而告終。

這彷彿就像孫臏與龐涓決戰的現代翻版，說明競爭過程中，原本就是要虛實交

互運用，讓競爭對手握不住你的實力，從而無法與你進行對抗。

這幾則隱藏實力與展示實力的方法，都表現得恰到好處，他們合理地利用自己

的實力，然後稍加隱蔽，沒有讓人們窺破其中的玄機，巧妙地扭轉對方的心理，讓

成功穩固地站在自己這一邊。

所以，捉準時機，將優點掩飾起來，讓對手鬆懈怠惰，甚至對你毫無防備，掉

以輕心，直到遭遇你的正面進攻才驚醒，但卻為時已晚，這也是謀求獲勝的商戰策

略中，最常運用的方法之一。

做人要藏心，做事要留心

競爭優勢是指你比其他人有更優越的條件，它是利用來使你比競爭對手更有

吸引力，更有效能。

　　　　　　　　　　　　——威廉‧萊修

掌握正確方式，更快達成共識

遇到說服他人的情況，首先要動腦子，管住嘴巴。選擇最好的方式、語言去解決問題，才能把話說進對方的心裡。

想說服他人，不一定要用權勢去壓人，也沒有必要用生硬的態度加以強迫，只要你能將話說得恰到好處，說服別人就不是一件難事。

● 投其所好，以心換心

說服別人時，站在他人的立場上分析問題，會給人一種為他著想的感覺。這種投其所好的技巧，多具有極強的說服力。

要做到這一點，最重要的是「知己知彼」。先知彼，而後才能從對方的立場上

考慮問題，從而說服他人。

有一家精密機械工廠，在生產某項新產品時，將部分零件委託另一小廠製造，不料當小廠將零件的半成品呈示總廠時，竟全部不合要求。

由於時間緊迫，又是重要生意，總廠負責人只得要求小廠儘快重新製造，但小廠負責人認為己方已經完全按總廠的規格製造，不想再從頭來過，雙方僵持了許久。

總廠廠長見了這局面，問明原委後，便笑著對小廠負責人說：「我想這件事完全是由於公司方面設計不周所致，實在抱歉。今天，幸好是由於你們幫忙，才讓我們發現竟然有這樣的缺點。只是事到如今，事情總是要完成的，請你們將它製造得更完美一點，這樣對你我雙方都有好處。」

那位小廠負責人聽完，一改態度，欣然應允。

小廠負責人之所以被說服，就在於能夠站在被說服者的立場上去考慮，維護了對方的自尊。

● 尋求一致，以短補長

習慣於頑固拒絕他人說服的人，總處於說「不」的心理狀態之中，所以經常呈現出僵硬的表情和姿勢。

對付這種人，如果一開始就提出問題，很難打破他說「不」的心理。因此，你得努力尋找雙方之間的共通點，先讓對方贊同你遠離主題的意見，對你的話感興趣，然後再想法將觀點引入話題，最終達到眞正目的，使對方接受意見。

一個小夥子愛上了一個漂亮的女孩，但由於本身長得其貌不揚，女孩始終不爲所動，根本不肯以正眼看他。

這天，小夥子找到女孩，鼓足勇氣問：「妳相信姻緣天註定嗎？」

女孩有些訝異他會問這個問題，眼睛盯著天花板想了一下，答了一句：「算是相信吧！」

小夥子立即說：「我聽說，每個男孩出生之前，上帝便會告訴他，將來你要娶

的是哪一個女孩。所以我出生的時候，未來的新娘便已經配給我了，上帝還告訴我，

我的新娘長得很醜。」

「我當時一聽，就向上帝懇求：『上帝啊！那對她來說實在太殘忍了，求你把

醜陋的容貌賜給我，將美貌留給我的新娘。』」

女孩被這番話感動了，決定接受這個小夥子，和他交往。

說服他人要從關鍵入手，這就要先了解對方，知道對方的長短。當然，最重要

的還是得會說話。

與人相處時，遇到要說服他人的情況，首先要做的就是動腦子，管住嘴巴，避

免在沒有搞清楚狀況之前亂講話。選擇最好的說服方式、語言去解決問題，才能把

話說進對方的心裡。

做不到就別輕率誇口辦到

不想言而無信,做不到的事情千萬別輕率承諾,切忌把話說得太滿。無論如何,請給自己留條後路。

做事不要做絕,說話要留後路。

如果做人做得太絕,即便是遇到兇險也不會有人憐惜,大家會認為你是咎由自取、自作自受。這樣一來,無形中把自己逼進了死胡同,不要說出路了,恐怕連退路都沒有。

說話也是一樣,不要輕易做出承諾。

一般來講,承諾有兩種情況:一種是自覺的承諾,明確地答覆他人,應允請求之事;一種是不自覺地承諾,就是自己本來並未應允,但在別人看來,已經等同於

應允。

在應酬中輕易承諾，很容易陷入被動局面，所以承諾別人之前要掂量一下自己的分量，根據自身能力答應合理的請求。

法國皇帝拿破崙曾說過一句話：「我從不輕易承諾，因為承諾會變成不可自拔的錯誤。」

例如，朋友託你辦一件事，而這件事在你看來可以辦或可以不辦，或介乎兩者之間。你可應允辦理，這叫自覺承諾，你也可能會說「讓我想一想」，這叫不自覺承諾。但在人家看來，會以為你已經答應了，這就會引來麻煩。

在一個十字路口，有一棵枝繁葉茂的大樹。

某天，一位老人正坐在樹下閉目歇息，突然一個年輕人飛奔到面前，驚慌地哀求老人救他，說有人誤以為他是小偷，偷了人家的東西，正帶領一幫人追捕，要剁掉他的雙手。

說罷，年輕人縱身爬到大樹上躲了起來，並再一次要求老人不要告訴追捕他的

人，自己正躲在樹上。

老人看年輕人的長相不像個小偷，便回答說：「讓我想一想。」

就因為老人這句不自覺的承諾，年輕人放下心來。

不一會兒，追捕的人趕到大樹下，問老人：「你有沒有見到一個年輕人從這裡跑過去？」

老人曾發過誓，絕不講假話，便回道：「見過。」

追捕的人又問：「他往哪裡跑了？」

老人舉手朝樹上指了指，年輕人立刻被人拖下來，剁掉了雙手。

年輕人為此大罵老人違背了先前的承諾，竟然出賣他，但在老人看來，自己根本沒有做下任何承諾。

人人都喜歡「言出必行」的人，也因此，很少用寬容的尺度去諒解一個人不能履行某一件事的原因。

難道不是嗎？我們必定經常在應酬中聽到某位朋友說，某某人分明答應為我做

一件事，最後卻食言了。

仔細地想一想那位朋友的話，雖然某某人曾經答應過他，但那很可能只是表面上的應付，或者事情根本就不可能辦到。

其實，恐怕連抱怨者本身也心知肚明，自己所託之事有些強人所難，但他絕對會責備別人，而不是責備自己。

如不細想，任何人聽了，都會同樣覺得某某人不對，因為到了這種時候，誰還會顧及當初那位某某人的允諾，究竟是自覺或不自覺呢！

必定有人會問：「當著朋友的面，對朋友提出的請求自然非應允不可，但這要求我根本就辦不到，該怎麼辦才好？」

對此，一位日本人際學家告訴我們：「我們在傾聽別人表達和請求完畢後，若覺得自己不願答應或無法做到，不妨輕輕地搖頭，不必強烈地表示出拒絕的態度。」

這就是說，不需要用傷害感情的強烈言辭去拒絕，只要輕輕搖一下頭，把自己的意思含蓄地表達出來就可以了。

答應幫別人辦事，固然可以體現你的熱心，可是，如果你承諾了別人但自身能力有限，無法讓承諾兌現，別人將會認為你言而無信，久而久之，在他人面前就失去了信譽。

為了自身的名聲、人際關係著想，想開口承諾別人的時候，必須先衡量自己能不能辦到。

做不到的事情千萬別輕率向人承諾，切忌把話說得太滿。無論如何，請給自己留條後路。

榮耀均分，少惹嫉妒糾紛

「吃獨食」帶來的後果是很嚴重的，因此在獲得榮耀時，別忘與其他人共同分享。

與人合作時，抱持「吃獨食」的態度，會引起他人的反感，反而自斷生路，為下一次的合作製造障礙。最明智的做法，是與所有合作夥伴一起分享成果，別做得太絕，把功勞全部搶到自己手裡。

在榮譽面前，正確的對待方式應該是：感謝、分享、謙卑。與人分享榮耀，是一種美德，也是做人的大智慧。

美國羅伯德家庭用品公司，自成立以來，生產迅速呈直線上升，每年利潤以十

八％至二十％的速度向上增長。

究其原因，是因為公司建立了完善的利潤分享制度。

每到年終總結時，管理者都會把公司在一年中獲得的利潤，按比率平均分配給每一個員工，這就給旗下員工灌輸了一種思想：公司獲得的利益越多，自己分到的利潤就越多。

因此，每個人都積極主動，任勞任怨地創造利益，時不時還要為公司的發展提些意見，指出產品存在的缺點與毛病，設法加以改進。

不管是在與人交際中，還是商業合作中，有福同享、有難同當，是贏得好人緣最直接、有效的方法。

在某一工作崗位上取得一些成績，自然要為之慶祝，不過千萬不要忘記，感到高興的同時，還要考慮一下成績的由來。

如果成績的取得完全依靠自身力量，為自己高興還說得過去，別人也會祝賀你，但是，不要忘了人有「眼紅、嫉妒」的劣根性，為了自保，還是需留條後路，把榮

耀和大家一同分享，免得自掘墳墓。

要想靠自己的力量取得一定的成績，不是一件容易的事，大部分成績的由來，是依靠他人的幫助，這時你如果只顧自己，就有些「吃獨食」的感覺了。他人也會覺得你好大喜功，懷恨在心，產生不滿，輕則以後斷絕與你合作，重則尋找時機對你施以報復。

獲得成績原本是一件好事，卻由於自己一點小小的貪念，造成嚴重的後果，丟了朋友也毀了名聲，實在划不來。

凡森在一家圖書出版社擔任編輯，為人隨和也很有才氣，平日裡總喜歡與同事開些小玩笑，所以單位上下關係都非常融洽。

舒心的工作氛圍，給凡森創造了許多寫作的機會，閒下來時，他會拿起筆，隨意地寫點什麼。

有一次，他編輯的圖書在評選中獲得了大獎，而且位居銷售排行榜榜首。為此，他感到無比榮耀。大概是開心過了火，他逢人便誇耀自己的圖書獲了大獎，同事們

表面上紛紛祝賀，可是一個月之後，他發現工作氛圍變得冷漠許多，平日裡的笑容全部消失了。單位裡的同事，似乎都在刻意地躲避他，甚至刻意和他過不去。

一段時間以後，他終於找到了矛盾衝突的產生根源——自己犯了「吃獨食」的錯誤。

一本書可以獲得大獎，身爲責編，凡森的功勞自然很大，可那畢竟不是憑一個人的力量完成的，其他人也爲此付出不少心血，這份榮耀，所有參與者都應當分得一份。

這就是人之常情，在榮耀面前，不會認爲某個人的功勞最大，唯一的想法就是「我沒有功勞，也有苦勞」，分得一份乃理所當然。

上面這則故事裡，凡森一個人獨佔了所有的榮耀，別人心裡當然不舒服，尤其是他的頂頭上司，心裡還可能產生不安全感，擔心自己的位置不保。

以此爲戒，當你在工作中取得一定的成績時，別忘了做人的原則，一定不能「吃獨食」，切記大方地與別人一同分享，免得自斷後路。

● 榮耀均分

生活中，有些人根本不在乎實質分得的榮譽是多還是少，想要的只是獲得榮譽時的快感。意識到這種心理後，你應主動在口頭上感謝他人的支持與幫助，主動把一部分榮譽交到他人手上。

如此一來，別人會認為他在你心目中有個位子，你沒有把他們忘記，在以後的合作中，自然會更盡力地幫助你。

與他人一同分享榮譽的方式很多，你可以請大家吃頓飯，輕輕鬆鬆就籠絡了人心，堵住了悠悠之口。

● 懷有感恩的心

獲得榮耀後，別忘了感謝同仁的協助，不要認為所有的功勞全部屬於自己一個人，更不可以忘記感謝上司，稱揚他的提拔、指導、授權、支持。

若上司確實給予很大的幫助，你感謝他時更要真誠一些；如果上司沒有為你的

成功付出任何努力，同仁的協助也十分有限，照理說根本不值得你去道謝，不過，

如果你是一個會做人的人，還是該大方地讚美他們。雖然這麼做顯得有些虛偽，卻

可以避免使你成為他人的箭靶。

參加過頒獎儀式，就應該明白，為什麼很多人上台領獎時，開場的第一句話就

是：「我要感謝……」，其中的涵義就在於此。

儘管這種感謝只是口頭上說說，缺乏「實質」意義，但聽到這些話的人，會感

到很舒服，自然沒有空暇再去議論、妒忌。

• 謙卑謹慎

謙虛使人進步，驕傲使人落後，這絕對是真理。

有些人得了榮譽就沾沾自喜，甚至還會得意忘形。雖然愉悅的心情可以被理解，

卻沒有考慮到他人的感受，別人只好承受著你的氣焰，出於情面又不好說些什麼，

因為你正在風頭上。

久而久之，彼此間的不滿和矛盾越積越深，便會在工作中會有意無意地抵制你，

讓你碰釘子。

所以，獲得榮耀時，必須表現得更加謙卑。別人看到你如此謙卑，自然不會再對你耍小手段。

會做人的人，能以正確的態度對待獲得的榮耀，榮耀越高，對人越客氣，頭越低，而且不會經常地在別人面前提及自己的功勞成果，以避免引起不必要的妒忌，招惹麻煩。

「吃獨食」帶來的後果是很嚴重的，在獲得榮耀時，別忘了大方地與其他人共同分享。去感謝別人、與人分享、謙虛做人，將可有效避免遭到攻擊，為自己留條能夠全身而退的後路。

否則，免不了自討苦吃、自食苦果。

說話之前先動動大腦

隻言片語釀成大錯的危害性是不能加以忽視的，說話的時候，一定要隨時提醒
自己務必謹言慎語，避免因一時的出錯而惹來終身的遺憾。

辦公室是個爾虞我詐的競爭場所，身為競爭族群的一員，說話之前一定要三思，
千萬不要讓脫口而出的話語變成「有心人」攻擊自己的利器。

粗心大意的話語往往會招致想像不到的危險，殊不見，在這個光怪陸離的社會，
造成人際關係失和的導火線，往往只是幾句不中聽的隻字片語。

有的人喜歡說話，但是說話之前又不肯先動動腦，往往因為貪圖一時口快而引
起不必要的困擾，事後才暗自懊悔不已。

少說話會降低出差錯的機率，不過相對的，也會失去自己受到上司肯定的機會，

在競爭之中屈於劣勢，這無疑是兩難的抉擇。

折衷的方法是，只在必要的時刻說出必要的事情，並且以正確適當的方式表達自己的想法，這才是明智之舉。

常常在背後談論是非，或是說別人壞話，是相當要不得的行為。所謂「隔牆有耳」，你在背後議論別人，最終難免會傳至當事人的耳內，導致彼此心中不愉快。

尤其是在辦公室，同事之間關係極為敏感，你所說的每一句話，有心人肯定聽得一清二楚，如果他加油添醋轉告當事者，矛盾自然就產生了。

隻言片語釀成大錯的危害性，是不能輕率地加以忽視的，說話的時候，一定要隨時提醒自己務必謹言慎語，避免因一時的出錯而惹來終身的遺憾。

俗話說得好：「害人之心不可有，防人之心不可無」，在辦公室裡，絕對不能沒有防人之心，否則就會保不住自己的地位。

當你可能獲得重要地位時，別人對你總有幾分敬意，你說話時，別人會唯唯諾諾

諾，但是，千萬不能就此認爲別人和你的想法是一樣的。尤其是不該讓別人知道的事，即使關係相當友好，也絕不能透露；如果你對公司或頂頭上司的做法頗有怨氣，寧可找一個不相干的朋友去訴說，也不能吐露給「知心」的同事知道。

在世情澆薄的商業社會，存一點防人之心，才是保護自己的最好方式。當然，防人之心並不等於對所有的人一概存著猜忌、懷疑的心理。因爲信任總是相互的，你不相信別人，別人也不會相信你。

所謂的「防」，就是不說不該說的話，不說可能不利於自己的話。

想出更好的致勝方程式

處理棘手事情的時候，別老是直線思考，有時要把問題上下左右思考一番，才會有更好的致勝方程式出現。

精於用兵之道的人，往往能從常理之中洞悉對自己最有利的情況，然後採取違反一般人思考邏輯的方法行事，進而出奇制勝。

這就是所謂的「逆向思考」，只不過，很多人自以為自己在逆向思考，其實只是重新安排自己的偏見。

古希臘的荷馬史詩《伊利亞特》中，記載了一則最著名的特洛伊戰爭，當時聯軍為了攻破特洛伊城，費盡心機想出一條計策。

當兩軍交戰時，聯軍假裝節節敗退，倉皇之中丟下了內藏大批精兵的木馬。

特洛伊人眼見敵軍敗走，不禁歡聲雷動，便順理成章地將這個巨大的木馬視為戰利品，運回城內。

當晚，特洛伊人為慶祝勝利而狂歡的時候，木馬內暗藏的無數精兵一湧而出，殺得特洛伊人驚慌失措，而在城外守候的聯軍將士們，一發現城內烽火四起，也立即向城內進攻，一舉佔領了特洛伊城，而這正是著名的「木馬屠城計」。

像這類「逆向思考」方法，運用在經商謀略中，同樣能出奇制勝。

美國就有一位名叫麥克的精明商人，很喜歡研究美國有關商業貿易方面的法律，只要他一發現漏洞，便會趁機大撈一筆。

有一次，麥克在法國購買了一萬副女式皮手套，但是按照當時的貿易規定，這批貨物要進口到美國必須繳納高額的關稅，於是，他為了減少稅額，便開始思考新的進貨方式。

最後，他想出一個讓人意不到的方法，只見他將手套分為兩批，第一批先運回

美國，另外一批則原封不動。

先運回的手套如期抵達，麥克卻故意不去提貨，因為依海關法律規定，逾期存放的貨物會被充公拍賣，他那批手套自然也難逃此運。

拍賣之日，前去標購手套的商人為數不少，麥克置身其中，不動聲色。

當負責拍賣的官員打開包裝一看，不禁大叫一聲，原來運來的手套儘管材質精美，但都是左手手套，根本無法在市場上販售。

現場熱絡的氣氛頓時冷卻，最後只剩麥克一人還在場內，於是，麥克便以極低的價格買走了所有的手套。

很快的，麥克又運來第二批手套，這次他把一萬隻右手手套兩兩相配，冒充成一左一右的「正常」手套。

結果，此計成功，海關人員只收了麥克五千副手套的關稅。

如此一來，麥克只用了一半的關稅，外加拍賣左手手套時所花去的一小筆費用，順利地將一萬副手套，運進了美國境內。

「怎樣才是最有利的方法，如何才能出奇致勝獲得成功？」

相信這個疑問，必定在許多力求成功的人心中，不斷地被思考著，但是，大家都只在既定的思路上來回探索。

其實，處理棘手事情的時候，別老是直線思考，有時要把問題上下左右思考一番，才會有更好的致勝方程式出現。

像故事中的木馬戰略，像是商人麥克的另類方法，凡事只要能轉個彎想，我們便能找到另類的成功技巧，登上等待已久的成功寶座。

做人要藏心，做事要留心

一個想法僅僅是一個出發點而已，一旦你把它詳細說出來，它就已經受到思想的改造了。

──畢卡索

為自己營造聲勢，
就能創造優勢

人為即是天意，無論是陳勝、趙匡胤，

還是歷史上其他風雲人物，

都是靠著自己營造聲勢而領盡一時風騷。

讓對手摸不清頭緒，就能達成目的

只要能以智取勝，想出借力使力，或讓對方鬆懈心防的方法，很多時候，不需費太多力氣，便能輕鬆達到自己期望的目標。

「聲東擊西，攻其不備」是兩軍交鋒之時，運用得最廣泛的戰術。

這個戰術的要訣在於放出風聲或製造假象，鬆懈對方的戒心，然後在儲蓄實力之後，給毫無防備的對手致命一擊。

唐高宗時，吐蕃在青藏高原崛起，勢力日漸強大，威令西突厥歸附，打算共同吞併吐谷渾。

唐朝干預吐蕃的吞併活動，導致雙方的和親關係破裂，隨後唐朝立即援助西突

，並任酋長阿史那都支為左驍衛將軍，要他與吐蕃脫離關係。

然而，阿史那都支表面上臣服唐朝，暗地裡卻仍然與吐蕃聯手，一起侵擾唐朝西境。當時，唐高宗想要發兵征討，吏部侍郎裴行儉對唐高宗說：「吐蕃目前非常強盛，西突厥也已經表示要與我朝修好，我們不便兩面用兵，不如趁著波斯國王去世，我們前去祝賀王子尼涅斯繼位的機會，在經過西突厥時趁機行事，或許可以讓他們不戰而降。」

唐高宗聽了之後，認為這個方法不錯，遂命裴行儉為全權使臣，率兵護送波斯王子尼涅斯回波斯繼位。

時值盛夏，裴行儉到達曾經任職過的西州，立即召集西州的豪傑子弟千餘人跟隨，還四處揚言說天氣實在太熱，不想急急遠行，希望等到天涼之後再啓程。

阿史那都支聽說裴行儉要在西州休息，而且要等天涼後才起程，便放下戒心，到處尋玩，消磨這個難熬的酷暑。

事實上，裴行儉並沒有眞的休息下來，他秘密召集西州四鎮的酋長，對他們說：

「以前我在西州任職時，最喜歡外出打獵，現在我想重遊舊日獵場，不知有誰願意

與我同行？」

當地人本以遊獵為生，一聽到出遊打獵，個個都欣然應聲同行。於是，裴行儉精選其中的萬餘人馬，編成隊伍，以打獵為掩飾，暗中加以操練，待時機成熟，便急令隊伍抄小路向西快速前進，到了阿史那都支的部落附近時，再派遣使者向阿史那都支問候一聲。

當阿史那都支看見唐使突然來到自己的營帳，異常驚慌，後來見使者安詳平和，沒有指斥他與吐蕃暗地勾結，更沒有要討伐的意思，這才放下心來。

由於阿史那都支的軍隊已經完全鬆懈，依當時的狀況，根本無法作戰，因此他決定虛情假意周旋一番，便親率子弟親信五百餘人前去拜訪裴行儉。

裴行儉表面上表示歡迎，一等阿史那都支等人進入營帳後，伏兵立即從四處湧出，五百餘人被悉數拘禁。

裴行儉兵不血刃地擒獲了西突厥的酋長，輕鬆地將任務完成，隨即凱旋而歸，另派屬下送尼涅斯回波斯。

所謂兵不厭詐，技巧就在於以虛為實、以實為虛，讓對手摸不清頭緒，就能達成自己的目的。

裝行儉利用刻意製造出來的假象，讓叛服無常的阿史那都支鬆懈警戒，再捉準時機伺機而動，正是擊破敵方心防的絕佳方法。

以智取勝，是所有兵法中最好的方法，援用至現實生活中，當你無法直擊對手要害的時候，便要用機智與對方交手。

只要能以智取勝，想出借力使力，或讓對方鬆懈心防的方法，很多時候，不需費太多力氣，便能輕鬆達到自己期望的目標。

做人要藏心，做事要留心

如果你希望利用別人的知識來獲得資訊及增長見識，但同時你又堅持自己的想法，可能會使你對你的錯誤不以為意。

——富蘭克林

為自己營造聲勢,就能創造優勢

人為即是天意,無論是陳勝、趙匡胤,還是歷史上其他風雲人物,都是靠著自己營造聲勢而領盡一時風騷。

與其等待命中注定的天意,不如創造有利於己的情勢。

陳勝、吳廣押解人犯至邊境,結果因為誤期可能被處斬,心想反正是死路一條,便計劃舉兵起義,然而對於秦王嬴政的餘威,他們仍然頗為忌憚。

兩個人想了又想,便想出了一個計謀,在夜裡躲在營地周圍,然後學狐狸的鳴叫聲喊叫:「大楚興,陳勝王。」

從此,陳勝開始引人注目,經常有人指著他的背影低聲耳語,接著他們又將小布條塞進魚肚,上面寫著「陳勝理應順天意而為王」等字,並偷偷混在市集的魚貨

中，讓廚師買回去。廚師剖開魚腹時，發現裡面的布條不禁大吃一驚。事情傳開後，眾人將之前的夜半之聲兩相聯繫，個個都驚訝不已，讓陳勝的號召力立即暴增。

後來，陳勝和吳廣揭竿而起，振臂高呼：「王侯將相，寧有種乎？」

民眾紛紛響應之下，開啓了中國史上第一樁農民起義。

相似的謀略，也發生在五代末年，趙匡胤發動了陳橋兵變，黃袍加身，讓部屬們擁立他爲皇帝。當時，趙匡胤還裝模作樣推讓一番，不肯答應，最後才在眾將的「懇求」下勉強答應，做了皇帝。

平定天下後，趙匡胤並沒有高枕無憂，整日尋思著如何能讓皇位穩固，有一天，當他和大臣石守信等人飲酒作樂時，意有所指地說：「以前不做皇帝時不開心，現在做了皇帝更不開心。」

石守信詢問何故，趙匡胤嘆氣道：「如果有一天，也有人把黃袍披在你們身上，擁立你們做皇帝，你們是答應還是不答應呢？我看不如這樣子吧，我多賜給你們一些良田美女，讓你們安穩地回家享受吧！」

石守信等人都是聰明人,一點就透,知道腦袋比官位更值錢,便謝過皇上,第二天上朝後,便辭官告老回鄉,安享餘生了,其餘那些曾隨著趙匡胤打下天下的重臣見狀,也紛紛辭官退休。

趙匡胤雖然少了這些開國功勳的輔佐,卻因此化解了權臣奪位的危險。

人為即是天意,畢竟真正能改變自己未來命運的人,還是我們自己。

無論是陳勝、趙匡胤,還是歷史上其他風雲人物,都是靠著自己營造聲勢而領盡一時風騷。這些例子都告訴我們,機會就在自己手中,每個人都可以為自己創造「天賜奇蹟」。

做人要藏心,做事要留心

如果我懷疑有人稍微有點不老實,我便會調出他的支出報告來看。支出報告就像測謊器一樣,可以檢驗出他是否靠得住。

——馬克·麥考梅克

先培養勇氣，再等待時機

空有時機而沒有深厚的實力，一切終究只是個「零」，在這種情況下強行運作，是不會有任何奇蹟的。

在自己的實力尚未充足之前，若急著想要領導他人，反而容易導致反效果。

西漢末年的王莽本是漢室外戚，受封為新都侯，後來又出任大司馬掌理朝政，榮華富貴享用不盡，卻老想嚐一嚐當皇帝的滋味。於是，他挖空心思，為這場皇帝夢進行周密的準備。

為了取信於民，獲得眾人的支援，他開始包裝自己，成為一個禮賢下士的好宰相，並且塑造愛民如子、秉公執法形象。他還帶頭倡導簡樸生活，自己的兒子犯法

時，也沒有枉法徇私，而是大義滅親。

種種舉動，果然讓許多人都相信，他是一個清正廉潔、愛民如子的好官，對他也產生了許多好感。

接著，他又玩起裝神弄鬼的把戲，命人偷偷在一塊石板上刻上「漢家江山應由王莽接任」等字。消息傳開之後，王莽還故意裝作無辜，上朝請罪，並發下重誓，說自己絕對無意奪取漢室江山。

這個風波輕鬆過去之後，讓人們對王莽更加看重。

那麼，奪權篡位的時候到底成熟了嗎？

經過了很長時間，王莽以為時機已到，便弒君篡位、改朝稱帝，沒想到此舉，讓人民對他頓生反感，無論他先前做了多少「好事」，花了多少功夫包裝，人民仍然紛紛起身聲討。

加上王莽推行新政，法令繁苛，把國家治理得亂七八糟，弄得民不聊生、盜賊蜂起，更讓他有如過街老鼠，人人喊打，各地的反對勢力也逐漸聚集。皇帝做得提心吊膽的他，終日寢食難安，不久內憂外困一併襲來，結果只當了十幾年毀譽參半

的皇帝，便匆匆走下歷史舞台了。

空有時機而沒有深厚的實力，一切終究只是個「零」，在這種情況下強行運作，是不會有任何奇蹟的，就像滿腦子幻想卻又眼高手低的王莽一樣。

沒有人有永遠的運氣，更沒有人可以只靠包裝便能獲得成功。實力是根，包裝只是外在的枝葉，當暴風雨來襲，枝葉總是受不了風吹雨打而斷裂折損，如果樹根紮實，那麼大樹還能繼續成長，終有一天會重現繁茂。

然而，若是根沒有紮深，大風一吹便連根拔起，再美麗茂密的枝葉又有何用？

做人要藏心，做事要留心

成功的動力是對一切抱持成功的希望，在這個充滿競爭精神的社會，你會想去艱難的地方，跟競爭者短兵相接。

——理查‧胡伯

創造情勢，就能扭轉劣勢

懂得創造情勢能逆轉當前的劣勢，不但讓本身實力陡增，同時也讓對手變弱，這是在激烈的競爭中勝出的技巧之一。

活在這個馬善被騎、人善被欺的時代，過河拆橋其實不算卑鄙，投機取巧更不是小人的專利，如果你凡事只會死守著教條，腦袋不懂得轉彎，就永遠只會讓自己被人騎在頭上。

三國時，蜀吳兩國達成協議，準備聯手抗曹，孔明到江東幫忙佈陣應戰。周瑜嫉妒孔明才識過人，故意要他三天之內造出三十萬枝雕翎箭，誤期則按軍令斬首，打算趁機除去心頭大患，誰知孔明卻胸有成竹地滿口答應。

就在第三日凌晨，孔明經由魯肅協助，在小船上紮起草人，趁著夜晚的霧氣划向對岸曹營，並令兵卒擂鼓助威。

曹兵眼見許多船隻臨近，船上人影幢幢，疑心敵人來攻，卻又礙於大霧出擊不便，只得站在岸上萬箭齊發，以阻敵軍來勢。到了清晨，霧氣散去，草人上滿佈雕翎箭，諸葛亮這才命人掉轉船頭，回歸大營，成功地交卸了責任。

如果要用傳統的方式製造這三十萬枝箭，不要說是三天，就是二十天也造不完。諸葛亮也明白這一點，所以他藉霧氣掩護，擂鼓吹號，佯裝進攻，讓曹軍以為吳蜀聯軍發動夜襲而墜入他的圈套，更讓他輕鬆「製造」了三十萬枝箭。

戰國末期，秦國想一統天下，當時最有實力與秦國抗衡的就是趙國，秦國決定要派大軍進攻趙國，趙王大為驚慌，緊急派遣老將廉頗率兵抵敵。

老將廉頗經驗豐富，針對敵我虛實，採用消耗戰，不與秦軍作正面對抗，慢慢消磨秦軍銳氣。

秦軍雖然來勢洶洶，無奈勞軍襲遠，後繼無力，又碰上趙國軍隊的頑強抵抗，

毫無戰勝良策，只好到趙國散播謠言說：「秦軍根本不怕廉頗，只怕趙括掛帥出征，趙括才是趙國最好的統帥。」

沒想到趙王輕信流言，不顧趙母的再三勸阻，撤回廉頗，改派只會紙上談兵的趙括去督師禦敵。毫無用兵經驗的趙括貿然出擊，導致趙軍在長平一戰慘敗，四十萬士兵被坑殺，自己也身首異處。

所以，懂得創造情勢能逆轉當前的劣勢，不但讓本身實力陡增，同時也讓對手變弱，這是在激烈的競爭中勝出的技巧之一，熟知如何運用訣竅，自然能使自己前程一片坦途。

做人要藏心，做事要留心

不管是個人或國家追求商業上的功成名就，只有同時發展出標準的行為準則⋯榮譽、勇氣，這才是件好事。

——羅斯福總統

抬槓爭鋒，做人不會成功

聰明人都善於退讓，在關鍵時刻充當「愚者」，虛心請教他人的意見或建議，把自身修飾得更加完美。

鋒芒外露的人或許有才華，但絕不聰明。

真正的聰明人，懂得處世原則，什麼時候該方，什麼時候該圓，全都能把握得恰到好處。

聰明人不僅不會處處顯示出自己比別人強，相反的，還會刻意裝出一副很「愚」的模樣，因為他們心裡清楚明白，樹大必然招風。

現實生活中，很多人都希望在他人面前展示自己的「才華」，於是便喜歡和人

爭執，凡事都要拚個你死我活，非要分出勝負，讓別人知道自己的智慧有多高、多麼有想法、多麼厲害。

這種人只要一投入話題中，馬上就針鋒相對，不管別人說什麼，總要予以反駁。

你說「是」，他們就一定要說「否」，等你改口說「否」的時候，他們又要堅持說「是」了。總之，事事都要出鋒頭，時時都想顯示自己。

實際上，他們並不一定真的才華橫溢，很可能根本就胸無點墨、腦袋空空，毫無見識可言。

凡事都想搶佔上風的人，與人爭執時，必定會擺出一副不把別人逼進死胡同誓不罷休的架勢。這樣真的好嗎？下場不用說，大家都清楚。

若你本身就有喜歡與人爭執的毛病，不妨靜下心來想想，這雖然讓自己的虛榮心得到了滿足，但別人會是怎樣的感受？喜歡爭執的人，大都不能將心比心地意識到這一點，所以改不了這種不良習慣。

動輒與人爭鋒，看在別人眼裡只是一個跳樑小丑，難成大氣候。在生活和工作

中，這種不良習慣也會使你與周遭的人產生隔閡，人人避之唯恐不及，不會願意主動提供好的意見或建議。

毫無疑問，無論一個人原本能力有多好，一旦染上愛爭論的壞毛病，朋友、同事便將遠離。

應當這樣告訴自己：日常談論中，你提出的看法不一定都是正確的，其他人的想法也未必就比你差。因此，你不該任意反駁別人的看法。

喜歡抬槓爭論的人，往往有些小聰明，當然也有許多是自作聰明，總認為自己的智商比別人高，自己的天賦或能力無人能及，實際上只是一個不懂得做人的傻瓜罷了。

另一種可能，就是太過於熱心，總想從自己的頭腦中提出更高超的見解，認為這樣做能讓人刮目相看，可是事實上大錯特錯、事與願違。

生活中有太多瑣碎的事情，根本不值得我們將時間與腦細胞浪費在上面，更別說是與人爭得面紅耳赤了。在輕鬆愉悅的閒談中與人交流，保持應有的快樂氣氛，

不是更能討人喜歡？

想當一個聰明人，首先，請學會看場合、看臉色行事。

與他人閒談時，若對方根本不打算聽你說教，只想娛樂一番，你卻自作聰明，一定要拿出自己對談論話題所持的「高見」進行爭論，相信任何人都不會高興。所以，你千萬不能時刻擺出教訓人的架勢，即使他人的看法是錯誤的，也不妨佯裝贊同，因為那不過是為了娛樂而已。

當同事向你提出某種意見或建議，即使對他們的看法有所懷疑，也不要當場反駁。聰明人會充當「愚者」，耐心地傾聽對方的意見，即使不完全贊同，也表現出有濃厚興趣的模樣，並表示一定會仔細考慮。這樣一來，不但尊重了別人，也給自己一個下台階。

畢竟，自己的想法不可能盡善盡美，他人的意見也不見得一無是處。彈性地留下轉圜空間，才是最好做法。

與朋友一起聊天時，細節處理更不能忽視。一旦表現出愛爭執的傾向，就有可能傷害到彼此的友誼。

如果朋友在某個問題上出現了錯誤，自己卻不自知，你向對方提出意見而他不肯接受，不必急於求成，不妨讓一步，佯裝自己與他站在一條戰線上，目的則在把時間拖得長一些，過幾天另找機會深談。

切記，待人接物最聰明的做法，就是表現得謙虛些，真正去尊重別人的想法，避免發生任何不必要爭執。動輒與人爭論只會讓自己越來越惹人厭，久而久之，自然被淘汰出局。

為了給自己創造一個更好的生活及工作環境，聰明人都善於退讓，在關鍵時刻充當「愚者」，不輕易顯露才能，化主動為被動，虛心聆聽他人的意見或建議，取長處彌補不足，把自身修飾得更加完美。

這樣一來，不但尊重別人，還完善了自己，一舉兩得，何樂而不為呢？

用自信爭取你應得的權利

知道自己的價值在那裡，你就可以堅持自己的「交易價格」，只要你有信心保證品質，你就絕對有權利爭取屬於自己應得的價值。

尼采曾經說過：「我研究偉人，結果卻發現，過河拆橋是所有偉人都必須學會的一項心機工程。」

世間到處充滿著虛假和欺詐，裝出慈悲和善的臉孔，正是熟諳厚黑權術的人的拿手好戲，為了達成目的，他們經常以最美麗的外表、最動人的言詞欺騙別人。因此，不管做人或做事，都必須要有為自己爭得權利的堅定信心和行動。

波姬絲是一家電視台的新聞主播，在這家電視台做了五年多，她的新聞節目被

評為當地的第一流節目，可是五年下來，卻沒有獲得應有的報酬。

後來，她與電視台重簽合約、談判時，電視台經理向她暗示，續簽合約是在照顧她，她應該感到幸運。她很清楚地聽出了經理話中的弦外之音：「妳隨時都可能被取代，不應該咄咄逼人。」

當她要求修改合約時，電視台經理大發雷霆，但是，她強烈地相信自己的價值，所以不願讓步。

這段時間，新聞部主任經常把她叫到辦公室裡，對她的工作大聲指責，每次訓斥結束後，都會說：「把這個合約簽了吧！」

四個月過去了，波姬絲仍然毫不動搖，最後，電視台經理無計可施，不得不同意波姬絲提出的要求。

就在簽訂合約之前，她把合約拿去徵詢一位律師的意見，律師建議她最好在措辭上做幾處小小的改動。當她回到電台，告知他們此事時，他們暴跳如雷，對著她咆哮著說，他們的忍耐力已經到了極點。

即使這樣，波姬絲也絲毫不讓步。

最終，電視台只好根據雙方都能接受的意見，對合約的措辭上進行修改，簽訂了一項為期三年的合約。

對於這件事的過程，波姬絲說說：「如今，他們知道我是一個什麼樣的人，我說到做到，和我在一塊兒工作過的人都對我說，我應該要求比我真正想要的更多。

不過，我不會那樣，我要求他們給我提供必要的條件，而不想奢求其他錦上添花的條件，我只要求我應得的。」

知道自己的價值在那裡，你就可以堅持自己的「交易價格」，只要你有信心保證品質，你就絕對有權利爭取屬於自己應得的價值，就像波姬絲一樣。

做人要藏心，做事要留心

真相往往是一顆難以下嚥的苦藥，但是，無論如何，我們不能讓幻想像野草似地繼續生長。

——茨威格

冷靜是處理危機的第一步

當你還在後悔、還在怨嘆、還在喃喃自語「早知道⋯⋯」的同時，別人可能已經在評估事情的嚴重性，並且完成了初步的分析。

危機不一定致命的打擊，端看你如何用智慧去處理。

遇上同樣的事件，處理方式不同，結果也就會不同。

一九八八年，美國阿波羅航空公司一架波音七三七客機從檀香山起飛後不久，便發生爆炸意外。儘管機長採取斷然措施，緊急迫降，機上還是有一名空服小姐被強大的爆炸威力拋出機外，不幸身亡。

這起事故對飛機製造商波音公司造成巨大的壓力，不只同行趁機發難，連航空

公司也將矛頭指向波音公司，要求他們承擔賠償責任，波音公司名譽因而大損。

然而，波音公司並沒有因此而慌了手腳，他們馬上成立緊急應變小組收拾善後，並著手調查事故發生的原因。

調查結果發現，這家飛機雖然是波音公司出品，卻已經飛行了二十年，起飛降落超過九萬次，遠遠大於飛機的安全係數，最後由於金屬疲勞引發爆炸，才發生了這件不幸的意外。

事後，波音公司展開了盛大的宣傳活動，設法令民眾了解事故發生的真相，並引用數據再三強調公司飛機的品質與信譽。

經過鍥而不捨的努力，到了次年，訂購波音飛機的客戶非但沒有減少，反而增加了近一倍之多。

遇到危機，當你還在後悔、還在怨嘆、還在喃喃自語「早知道……」的同時，別人可能已經在評估事情的嚴重性，並且完成了初步的分析。

而當你手忙腳亂、四處搬救兵的時候，別人可能已經掌握了事情的脈絡，積極

思索著因應對策。

等到你好不容易終於理出個頭緒，準備好要去面對時，別人早已圓滿處理完畢，

連檢討大會都已經進行到一半了呢！

有沒有想過，自己為什麼總是慢別人一步？

因為，當你還束手無策時，別人的腦袋已經冷靜下來，並且搶先踏出了一步。

要記住，「冷靜」是所有危機處理的第一步！

做人要藏心，做事要留心

中文的「危機」一詞，由兩個字構成——一個字表示危險，另一個字表示機

會。

——美國總統甘迺迪

不要被私慾薰昏了頭

做人做事不要有太多的刻意強求，因為任何刻意的強求，都會有一些必然的犧牲，而那些犧牲的反作用力隨時都會傷及自己。

身為領導者，如果只為了鑽營自己的利益，而不顧眾人的想法，就會弄得天怒人怨，使部屬紛紛背叛。

清朝末年，革命黨人在各地起義，要推翻封建王朝的專制統治，建立民主共和國，清政府為了獲得苟延殘喘的機會，便想到了重新起用袁世凱。

之前，由於袁世凱兵權太大，權傾朝野，滿清統治者認為這樣會危及自己的統治基礎，便把袁世凱罷官，讓他解甲歸田。

當袁世凱收到通知，一方面告稱自己腳疾加重，不方便行走，拖延入京觀見的

日子，另一面又派人秘密聯絡手握重兵的門生，要他們按兵不動，任革命黨人的勢力自由發展，不要加以阻攔。

而後，他又上書說這種局面自己難以解決，需要更多的軍隊與權力才能剿平亂黨，藉此刁難清政府。清朝統治者早被四處湧竄的革命軍搞得焦頭爛額，好不容易找到救兵，也只能對他的要求言聽計從。

袁世凱這才從老家出發，先上京城接受官職，而後直赴前線，命令幾個親信率領軍隊嚴陣以待，自己則對革命黨人威逼利誘，並許下種種諾言，說自己可以說服清朝皇帝退位，實現民主體制。

革命黨人起義的目的無非就是要推翻專制統治，如今見手握軍政大權的袁世凱願意協助，自然喜出望外，便答應如果他能讓清朝皇帝退位，實行民主制度，那麼中華民國的大總統就讓他來做。

與革命軍達成協定的袁世凱內心一陣竊喜，急忙回京逼迫末代皇帝溥儀讓出帝位，事後革命黨人也履行諾言，把總統之位拱手送給了袁世凱。

問題是，當上總統的袁世凱掌握了權力，並不因此而滿足，為了當上皇帝，他

惡患屬下擁立，結果弄得天怒人怨，許多部下紛紛背叛，他也只做了六十三天的皇帝便遭到革命軍討伐，走到了窮途末路。

當袁世凱滿腦子皇帝夢，只看得見權力與慾望時，必然看不見漸漸近身的危險，更看不見即將遠去的機運。

這說明了做人做事不要有太多的刻意強求，因為任何刻意的強求，都會有一些必然的犧牲，而那些犧牲的反作用力隨時都會傷及自己。凡事知足，適可而止，不要讓私慾佔滿，否則再多的機會也會成為一陣雲煙，風一吹便要消失。

做人要藏心，做事要留心

依據道德原則選擇「對」與「錯」，是相當容易的事。但是現實狀況常要求我們在既不是全「對」，也不是全「錯」的兩者之間做抉擇。

——普勒斯頓・湯利

自作聰明，
小心惹禍上身

人可以沒有大智慧，

但是絕對不要亂耍小聰明，

否則就會步上楊修的後塵，

為自己招來禍害，死得不明不白。

請把花環戴在別人頭上

能在關鍵時刻與人分享甚至大方讓出榮譽的人，無論處在任何局勢下，都能全身而退，有個好結局。

任何人都不希望自己辛苦半天得到的成績被他人搶走，但在與他人打交道時，尤其當面對著職位高過自己的人，眼光要放遠、腦筋更要放聰明，不要死守著榮譽不放手。不妨學得精明些，把花環戴在職位比你高的人頭上，這麼做雖然免不了得犧牲自己的榮耀，卻可以從險惡環境中全身而退，謀求往後更好的發展。

人的通病是，一旦小有成就，便不免為自己的成功感到興奮，貪功的想法自然產生。可是，不知有沒有想過，雖然得到了功勞，但之後等待著你的會是什麼呢？恐怕是意想不到的攻擊與麻煩吧！

聰明人懂得在關鍵時刻將「花環」戴在別人頭上，即使自己心裡有一千個、一萬個的不願意，也會巧妙地隱藏起所有怨恨不滿情緒，大方地將榮耀交到別人手上。

接受榮耀的人自然會記得這份人情，並在日後有需要的時候助對方一臂之力，就算不能伸出援手，至少不會落井下石。

由此看來，把花環戴在別人頭上，不但不吃虧，反而佔便宜。

現實環境中普遍存在著一種情況，叫作「功高震主」，輕則招致別人的怨恨，重則惹來不可預知的禍患。

對此，你是否懂得避免？

自古以來，聰明人就很注意這一點，不論做任何事，都謹守自己的本分，絕不獨霸榮譽，避免太出鋒頭。能在關鍵時刻與人分享甚至大方讓出榮譽的人，無論處在任何局勢下，都能全身而退，有個好結局。

同樣的，對那些可能損及別人名譽的事，主動承擔一些，引咎自責。具備這種涵養的人，才算是懂得做人。

漢代名臣晁錯自認才智超群，朝廷中的大臣遠遠不及，因此屢次向文帝暗示願意擔任佐命，想讓文帝將處理國家大事的權力全部交給自己。晁錯的這一行為，正是功高震主的表現。

提起韓信，無人不知，他雖是漢朝開國元勳，下場卻悲慘至極，歸根究柢，最大原因就是沒有及時地將功勞放在別人頭上，導致功高震主，最終以淒涼結局收場。

身處職場中，想要保全自己，必須謹記以下幾點：

• 遵守規定

歷史已經證明，遵守法規是自我保全最有效的方法。

司馬遷在《史記・循吏列傳》中提出的循吏，正是遵循法規的意思。能嚴守法規依此行事者，才是識大體的人。後來，人們將「循」解釋為慈愛、仁厚、和善、愉快，認為能夠用仁義治理國家的官員才稱得上「循吏」，實在大錯特錯。

遵守法令，嚴格地約束自己，就是自保的好方法。

• 公私分明

公私分明的意思是告訴我們，千萬不要將個人利益與工作混淆，不要以權謀私。

一旦把私利加入到公事中，便很容易惹禍上身，招來不必要的麻煩。

• 功成身退

不要居功自傲，要懂得謙讓。功成名就時，適當地分出一些榮耀給其他人，免得遭受他人嫉恨，不得善終。

以上三點不但適用於官場，更適用於一般職場，尤其是與同事、上級的互動中，都應該懂得並發揮這些道理。如此，進一步可謀求發展的機會，退一步則可保障自身安全。

在複雜的人際交往中，適時、及時地把花環戴在他人頭上，無疑是明哲保身的最好方法。

適可而止，趕盡殺絕非好事

處世過程中，要寬容大度，要適可而止，別趕盡殺絕，千萬不要把事情做絕，斷了自己的後路。

遇事計較、窮追不捨，並不是做人應掌握的正確道理，這麼做，於人於己，都沒有任何好處。聰明人在爭取個人利益時，從不把對手趕盡殺絕，相反的，他們更知道凡事要適可而止。

現實生活中，許多人說話、做事都喜歡趕盡殺絕，不給別人留餘地，以此來顯示自己的「本事」，如此一來，原本和諧的場面必定被搞得烏煙瘴氣，使對方陷入尷尬中。

其實，要想應付這樣的人，就要讓他親自感受一下陷入尷尬局面的滋味。一旦

他體會到其中的辛辣，往後再遇類似的情事時，自然更能做到站在對方的立場上，替別人考慮了。

人一旦處於窘困狀態，不僅僅會用情緒來懲罰別人，也會懲罰自己，氣自己的無能，懷疑自己生存的價值和意義。一旦這種心理產生，就會將人的情緒打入低谷，萌生強烈的挫折感和失落感。

如果你曾經體會過這種滋味，就應當設身處地地為對方想一想。如果你的能力、財力等各個方面都要強於對方，更應該偃旗息鼓、適可而止。

以強欺弱，並不是光彩的行為，即使成功把對方趕盡殺絕，在別人眼中你也不是個勝利者，而是一個無情無義之徒。

如果你根本沒有取勝的把握，還一意孤行想把對方趕盡殺絕，無形中相當於拿雞蛋往石頭上碰，毫無意義可言。

這時，無論是強的一方，還是弱的一方，都應該權衡利弊，適可而止，別再以牙還牙，不然只會為自己再樹立一個敵人。

怎樣才能做到適可而止呢？

● 給對方一個台階下

所謂冤家宜解不宜結，解決問題最好的方法，就是給對方一個台階下，讓他忘記你的仇，記住你的恩情。

求人辦事難免會有吃虧受氣的時候，當受了氣，你不妨把注意力轉移到解決問題的對策上。切記，不要停留在與人鬥氣上。

與人鬥氣，百害而無一利，鬥不鬥得過對方姑且不論，還浪費了不少時間和精力，可是對解決問題卻沒有任何好處。因此，必須改變一下思維模式，另闢蹊徑，尋找解決問題的更好辦法。

問題解決後，你所受的氣自然會消失得無影無蹤，這時候如果你還不解氣，讓那個氣你的人陷入尷尬境地，那就顯得太不會做人了，何不就此了事，適可而止，豈不是更好？

這次人家給你氣受，你便將對方趕盡殺絕，說不定風水輪流轉，不知將來什麼

時候你又會有求於他。如果對方記你的仇，那你不但事情辦不成，還會受更大的氣。

相反，如果你能適當給他一個台階下，他還會感念你的恩情，下一次求他辦事時也會更加為你賣力。

兩相權衡，哪一種做法較好，聰明人都知道。

• 別把事情做絕，化敵為友最好

有些人受了氣後，會產生報復心理，尋找報復機會。這種心理絕對要杜絕，因為說不定哪天你還有求於那個人。

相反的，如果一個人完全有能力收拾對手，但卻放棄了這個優勢，以大度寬容的方式對待對方，以此換得對方的感激，豈不是更加明智嗎？

如此不但排除了樹敵的可能性，還有可能多一個好朋友。

朋友多了路好走，社會實力就會強大，也可以提高自己的影響力，對於矛盾的雙方而言，這樣的結局無疑最為理想。處世過程中，要適可而止，別趕盡殺絕，千萬不要把事情做絕，斷了自己的後路。

要讓私心變得名正言順

愚者只顧一己的私心，不管別人的需求和觀感，終究只是井底之蛙的格局，過度膨脹就會把自己的肚皮撐破。

歷史上許多事例都證明了愚者與愚者的差別。愚者只顧自己的私心，最終引起眾人的反感而一敗塗地，但是，智者不僅知道自己的私心，也瞭解別人的私心，懂得為眾人謀求利益，所以成就傲人功業。

春秋時代，鄭國君主鄭莊公和他的弟弟共叔段都是姜氏的兒子。由於姜氏生鄭莊公時差點難產致死，因此對於鄭莊公相當厭惡，一點也不關愛這個兒子，只疼愛小兒子共叔段，還幾度企圖密謀要讓鄭武公廢掉鄭莊公，改立共叔段為太子。

為了共叔段，姜氏千方百計向鄭武公討了京地，讓共叔段成起了「京城太叔」。

大臣祭仲對鄭莊公說：「都城超過了百里，將會是國家的禍害，如今京地超過了它本應有的限度，不合先祖的體制，你將來會無法控制的。」

鄭莊公便說：「你等著瞧吧！那小子多行不義，必會自取滅亡。」

後來，「京城太叔」共叔段，開始在京地周遭劃出屬於自己的地域。

鄭國大夫公子呂對鄭莊公說：「假如您打算把鄭國送給共叔段，那我就侍奉他；您如果不甘心讓位於他，那麼請您讓我除掉他！」

大臣於封也警告鄭莊公：「土地廣大會得民心。」

鄭莊公卻仍然堅持：「共叔段多行不義，不能籠絡民心，會因此而垮台的。」

共叔段繼續修葺城牆，製造武器步車，計劃與姜氏裡應外合，襲擊鄭莊公。

鄭莊公聽到共叔段發動突襲的消息，連說：「太好了！」於是，命令大隊人馬伐京，而京地的人民也背叛共叔段，紛紛臨陣倒戈，讓共叔段不得不倉皇逃走。

共叔段與姜氏二人目光短淺，只注意自己的小利，因而自取滅亡；鄭莊公則因

胸懷大志，等待時機成熟，以正義之師出兵討伐，所以能一舉得勝，獲得人民愛戴。

所謂「人無私心，天誅地滅」，一般人為了滿足自己的需要，或者是實現自己的理想願望，有時候難免會有私心或做出傷害他人的事。

但是，這樣的私心也有智愚的區別，可說是成敗的關鍵。

愚者只顧一己的私心，不管別人的需求和觀感，終究只是井底之蛙的格局，過度膨脹就會把自己的肚皮撐破。

唯有智者知道必須把自己的私心和眾人的利益結合，讓私心變得名正言順。當眾人的需求得到滿足後，自然自己也會得益，開創出一片全新的遠景。

做人要藏心，做事要留心

設法讓別人的鐮刀，心甘情願地割在你的麥穗上，是成功者必須具備的條件之一。

——賀拉斯

自作聰明，小心惹禍上身

人可以沒有大智慧，但是絕對不要亂耍小聰明，否則就會步上楊修的後塵，為自己招來禍害，死得不明不白。

在現實社會中，我們常常可以看到，有些人明明有才有識，但是他們越表現自己，大家就越要孤立他們，有機會的時候，還會設法扯扯後腿，這是因為他們不懂得應有的處世哲學，只不過自作聰明的大傻瓜。

現代社會，除了金光黨之外，故意裝瘋賣傻的人少了很多，可是自作聰明的人卻仍然處處可見。這些自作聰明的人真的聰明嗎？恐怕不見得吧！

東漢末年到三國鼎立這段期間，是一個人才輩出，彼此鬥智鬥力、比奸比詐的

混亂時代，在亂世之秋，名列建安七子的楊修是曹操陣營裡的主簿，以思維敏捷、才華過人著稱。

有一回，曹操率領大軍在漢中迎戰劉備，雙方在漢水一帶對峙很久時，曹操由於長時間屯兵，已經到了進退兩難的處境。

有一天夜裡，大將夏侯惇入到主帥帳內請示夜間崗哨號令，曹操此時見晚餐中有根雞肋，有感而發，隨口說道：「雞肋！雞肋！」

於是，夏侯惇便把「雞肋」當作號令傳了出去。行軍主簿楊修聽到後，隨即叫士兵們收拾行裝，準備撤軍事宜。夏侯惇感到奇怪，就把楊修叫到帳內詢問詳情。

楊修解釋道：「雞肋雞肋，棄之可惜，食之無味。如今的局勢是進不能勝，退恐人笑，屯駐在此處又有何益？不久丞相必定會下令班師。」

夏侯惇聽了之後非常佩服，營中各位將士便都打點起行李。

但是，當曹操得知這種情況之後，不禁勃然大怒，最後便以楊修造謠惑眾、擾亂軍心的罪名，把他處斬。

楊修的確猜中了曹操的心思，但是肆無忌憚耍弄小聰明的結果，卻為自己惹來

殺身之禍。試想，在兩軍對陣的非常時刻，曹操怎麼容得下楊修代他發號軍令？

人可以沒有大智慧，但是絕對不要亂耍小聰明，否則就會步上楊修的後塵，為

自己招來禍害，死得不明不白。

當然，這並不是教你當個裝瘋賣傻的小丑，而是強調該聰明的時候要放聰明一

點，不應該聰明的時候就要「沉默是金」。

裝瘋賣傻只是愚人的伎倆，或是在危急狀況下不得已而採用的手段，平時何必

糟蹋自己去做這種事？

只是，有些事心裡知道就好，千萬不要為了顯示自己很聰明而說出來。

做人要藏心，做事要留心

理性的人會做出對他最適合或最有用的選擇。依照他的知識與能力，依照他

既有的喜愛與偏好，做出最好的選擇。

——大衛‧赫希萊弗

不要為了虛名而忘了自己的目的

「外寬」是為了把自己的事業做得更好，而不是為了虛有的稱譽，如果為了虛名而忘了目的，只會讓自己看不清真相，迷昏了頭腦。

身為一個領導者，在建立組織架構時，除了要能識人，懂得選拔合適的人才外，還要考慮如何用人，讓合適的人才發揮最大的能力。

領導者用人策略最好是要「外寬內合，用人以信」，對外親近寬容，對內則是強調組織的團結合作。

後漢戰亂時代，袁紹曾經獨霸一方，軍事實力相當雄厚，最後造成失敗的原因是採用「外寬內忌」的領導模式。「外寬」的確能結合外在的力量，爭取更多的資

源，不過對於自己部屬，他又過於嚴厲的猜忌與蔑視，終於使他民心大失。

袁紹當時是河北的大軍閥，割據一方，憑藉強大的軍事實力，在討伐董卓之時便躍居聯軍首領，因為他有招才容賢的名聲，手下人才濟濟，其中有一位便是頗有學識的知名謀士田豐。

當劉備兵敗時，袁紹以「不失大義」之名將他收入旗下，當劉備另有所圖而以個人利益出發，提出意見勸袁紹討伐曹操時，袁紹也不假思索地點頭同意，然而就在此時，卻面臨田豐挺身反對。

田豐認為：「曹操的軍隊士氣方銳，未可輕敵，否則，恐怕出師不利。」

袁紹聽到這番勸諫，不但沒有冷靜思考大局，衡量敵我實力，反而認為田豐懷疑自己的決定，在出兵之際還用這種助長敵人威風的話渙散軍心，一時勃然大怒，立即傳令要將田豐處斬。

所幸，在諸位大臣一再求情之下，袁紹才改而將他囚禁中。

後來，袁紹果然在官渡戰役大敗，回營之後將怒氣轉移到田豐身上，怪他出言不遜，出兵之前觸自己楣頭，於是賜他死罪。

袁紹收容猶如喪家之犬的劉備，對他言聽計從，外人看來雖然是雍容大度，但只是虛榮心作祟，想博得美名罷了。錯把「外寬」當成目的，而不是手段的運用，對部屬提出的建議不加以思索便斷然否決，終於使他伐曹大敗，從此離心離德。

「外寬」是為了「內和」，為了把自己的事業做得更好，而不是為了虛有的稱譽，如果為了虛名而忘了目的，只會讓自己看不清真相，迷昏了頭腦；「內忌」則會使自己漸漸地失去人心，造成忠誠的部屬漸漸遠離自己。

再完善的組織也經不起這樣的挫折，就像袁紹把田豐等忠心部屬的勇於進諫當成別有用心，終於導致自己的滅亡。

做人要藏心，做事要留心

領導者最高明的統御辦法就是：帶領部屬去完成一個永遠都不可能實現的夢想。

——巴爾札克

別輕忽生活中的每一個細節

只要你能多用一份心在生活中的每個地方，你就不會錯過或遺忘生活裡任何與你相關的人事物，做起事來，相對也會事半功倍。

很多人都會抱怨自己人際關係不好，或是不懂得做事的要領，以致做起事來曠日廢時，還頻頻遭到別人批評。

其實，這都是不用心所造成的結果。

威廉·麥金利是美國第二十四位總統，在待人處事方面，很有一套辦法。

比如說，麥金利的握手動作，就非常令人印象深刻，爲了避免右手在接見賓客和民眾時過度受到勞損，他發明了一種後來被稱作「麥金利式」的握手法。

當他走在迎賓隊伍前，會微笑並緊握對方的手，沒等對方用力握住他的手，他便熱情地緊緊一捏，然後用右手將這個人的手肘迅速地往前拉，在這同時，他也已經扮好對下一個來賓的微笑。

如此一來，他一次便與兩個人同時都打了招呼。

此外，麥金利的記憶力之好，更是廣為人知，許多民眾對他評價甚高。

有一回，他在安提坦戰場，等著為紀念碑舉行揭幕儀式時，忽然對著台下一位身穿藍衣服的老兵喊：「喂，好伙伴，上個月我在匹茲堡演講時看到你也在人群中，那確定是你沒錯吧？」

這位老兵完全沒想到，麥金利總統竟然會和他這個平凡的老兵打招呼，而且只是在眾人集會時看過一眼便記住了自己的長相。只見這位老兵又驚又喜，高興地回答：「是的，您還認得我啊！」

這就是麥金利總統成功的地方，也許好的記憶力不是人人都能具備，但是，只要能用心地待人接物，就會為自己的誠懇加分。

只要你能多用一份心在生活中的每個地方，你就不會錯過或遺忘生活裡任何與你相關的人事物，做起事來，相對也會事半功倍。

所以，別輕忽生活中的每一個大小細節，因為，細節就是邁向成功的階梯，你必須通過每個細節才能步步高升。

做人要藏心，做事要留心

如果擔心與害怕的情緒一直籠罩著你的舊腦袋，那麼你就會總是把事情往壞處猜，而不往好處想。

——史賓塞・強森

用說笑話的藝術成為焦點人物

要將笑話說得好，不是一件容易的事，對生性害羞、嚴肅或天生寡言的人而言更是如此，但只要經過訓練，人人都能成為說笑話的高手。

當許多人聚在一起時，如果大家都沉默寡言、悶不吭聲，那聚會便失去了意義；但此時只要有一個人能談笑風生、侃侃而談，整個聚會的氣氛就會完全變了個樣子，大家都會融入熱鬧和諧的氣氛中。

一個團體當中，若有一個擅長說笑話的人，就能使聚會的氣氛變得輕鬆活潑，那人也會成為中心人物、大家談論的話題。「說笑話」是交際高手必備的一項技能，只是，說笑話是交際中最難的一門藝術了，因為不僅需要樂觀的天性，還需要一定的知識和技巧。

卡內基的訓練課程中相當注重這項技巧的訓練，也使得許多原本少言寡語的學生，在學習之後都能輕鬆開口說笑話。

卡內基有位學生名叫寇地斯，是一位醫生，醫術十分高明，但也許是天性使然，他總是沉默寡言，更不擅長說笑話，這點是他最大的煩惱。

卡內基告訴他不要沮喪，對他說：「在沒受過訓練的人中，失敗者通常占百分之六十，成功者只占百分之十，而其餘的百分之三十只能算是勉強及格者，且這百分之十的成功者，大多是因為他們天生就是一個說笑話的好手。」

卡內基告訴寇地斯，只要經過認真的訓練，絕對能成為說笑話的高手。

寇地斯接受完訓練後，與卡內基一同參加了一個慶祝州棒球隊取得勝利的歡迎會。若在以前，他站起來發言時一定會臉紅心跳，但現在不同了，他能以輕鬆的笑話做為開場白，並博得在場嘉賓們的喝采。

由此可見，說笑話的技巧是可以學習的，即便你生性害羞，經過鍛鍊後也能掌

握說笑話的訣竅。

其實，說笑話不一定要讓人捧腹大笑，最平常、最輕鬆的笑話往往就是最高級的笑話。還有，在說笑話時，從表情到手勢都得統一，還要配合笑話的內容改變表情與動作，只要能把笑話說得生動，聽者自然會放聲大笑。

還有一個秘訣是，講笑話時切忌賣關子。因為說笑話不同於一般對話或說故事，它需要急轉而下，讓聽者在一瞬間爆笑出來，這樣的笑話才算成功。

還要注意，當你說笑話已說了一半卻無人發笑時，必須懂得自己捧場、自己放聲大笑，這麼做將不致於使氣氛陷入尷尬，也能為自己找個下台階。相對的，當其他人說笑話時，你也應當儘量捧場，只要你適時捧了他的場，那以後你說笑話時，他也會給你面子的。

要將笑話說得好不是一件容易的事，特別是對生性害羞、嚴肅或天生寡言的人而言更是如此，但只要經過訓練，人人都能成為說笑話的高手。只要善用笑話這門藝術，就能帶動整體氣氛，並讓大家將注意力放在你身上，自然也就會成為聚會中的焦點人物了。

小心成為被封殺的對象

一旦你攻擊他人的痛處，修養好的人雖不至於當場發作，但心中的疙瘩和怨恨往往難以抹平，你就會變成被「封殺」的對象。

一個人若想和上司、同事間建立良好的人際關係，一定要記住：保持適當距離，做事公私分明，尤其要注意不要踩到別人的痛處。

被擊中痛處，對任何人來說都是件不愉快的事。因此，不管在什麼情況下，千萬都不要去碰觸別人的痛處，這點不但是待人處事應有的禮儀，更是在職場叢林中左右逢源的關鍵。

有修養的人即使在盛怒之下，也不會擴散憤怒的波紋，但是涵養不夠的人，被

激怒了，往往就會面露兇貌、口出惡言，甚至隨手拿起手邊的東西往地上摔。

某些沒有修養的人暴跳如雷的時候，還會口不擇言，用侮辱性的語言攻擊別人最敏感的隱私。

一旦你攻擊他人的痛處，修養好的人雖不至於當場發作，與你破口對罵，但心中的疙瘩和怨恨往往難以抹平，如果不幸他是你的上司或客戶的話，你就會變成被「封殺」的對象。

在公司裡，「封殺」意味著調職、冷凍、開除。

如果你是公司負責人，那麼，所謂的「封殺」就代表著對方拒絕繼續與你往來，或是「凍結關係」。

中國古代有所謂「逆鱗」的說法，強調即使面對再溫馴的蛟龍，也不可掉以輕心，肆意地欺弄牠。

傳說中，龍的咽喉下方約一尺的部位，長著幾片「逆鱗」，全身只有這個部位是逆向生長的，萬一不小心觸摸到這些逆鱗，必定會被暴怒的龍吞噬。

至於其他部位任，不論你如何撫摸或敲打都沒關係，只有這幾片逆鱗，無論如何也觸摸不得，即使輕輕摸一下也犯了大忌。

其實，每個人身上也都有幾片「逆鱗」存在，即使是人格高尚偉大的人也不例外，只是彼此的位置不一樣罷了。

唯有小心觀察，不觸及對方的「逆鱗」，也就是我們所說的「痛處」，才能保持圓融的人際關係。

做人要藏心，做事要留心

無形的東西：信心和態度，才是成功的決定性因素，因此，你必須先學會控制這些東西。

——赫伯・凱萊爾

有才華，
也要懂得生存的方法

才華橫溢的人容易有恃才傲物、好高騖遠，

如果你自認是個才華洋溢的人，

就必須更加熟悉職場的生存法則，

以免自己落得悲慘的結局。

設法讓同事對你又敬又畏

唯有讓你周遭的同事對你又敬又畏，你才能順利指揮他們，把他們當成向上躍升的跳板。

有一部電影裡頭有一段靠著露出「絕活」而樹威的情節。

一位長相清秀的年輕女警官到一個人才濟濟的警察局擔任督察，男警員們見了她，都面露鄙夷不屑的表情，而且有意無意地在言行之間吃她「豆腐」。

這位女警官初到陌生的警局，面對這些喜歡「揩油」的小人只能忍氣吞聲，不過，她很快就利用機會扳回劣勢。在一次射擊訓練中，她掌握契機展露精準的槍法，把那些男性同事們都給「鎮」了。

射擊訓練中，每個人依序各擊十個飄浮氣球，男性警官中成績最好的一位才擊

中五個，有的甚至一槍未中。

輪到這位女警官射擊時，她泰然自若地從腰間拔槍，「叭，叭，叭……」連發

十槍，槍槍命中，頓時全場鴉雀無聲，只有氣球的碎片在眾人的面前飛舞。

這種景象正是「此時無聲勝有聲」。從此以後，大家都對她敬畏有加，不敢再

表現出輕薄造次的行徑。

很多人認為，當一個上班族或領導者只要有修養和內涵，就可以不注重如何表

現自己的才能。

也有的人認為，只要踏踏實實地做事，老老實實做好自己的分內工作就夠了。

殊不知，這種厚道的想法只會使別人將你看成無能的人。

心理學家告訴我們，在很多時候，位居領導地位的人，威信往往是經由「旁門

左道」而樹立起來的。

一個人初來乍到某個態勢不明的新地方，往往就是樹立自己威信，讓小人服服

貼貼的最關鍵時刻。

如果你能像故事中的女警官，適時露出幾手自己拿手的絕活，別人對你的觀感和態度就會立即改變，很多難題也會迎刃而解。

記住，唯有讓你周遭的同事對你又敬又畏，你才能順利指揮、利用他們，把他們當成向上躍升的跳板。

除此之外，做人一定要有一些心機，面對向你低聲下氣的對手，不應該完全相信，而要提防他在你解除心防的那一剎那發動攻擊；千萬不要覺得對方可憐，就留一條退路給他，因為，一旦他強大起來，隨時可能對你不留情面。

做人要藏心，做事要留心

當人們相信你之後，你說的事實才會成為事實，但如果他們不知道你在說什麼，他們就無法相信你。

——威廉·伯恩巴克

你就是自己的貴人

太多的人，終其一生，埋怨懷才不遇，命運坎坷，卻從來沒想到，唯一能夠栽培自己、提拔自己的，不是別人，正是自己。

性格決定命運，這句話用在日本礦業大王右河市兵衛身上，真是再貼切不過了。

原本，他只是一家民營公司裡的一名小職員，靠著自己的聰穎和努力，很快爬升到了經理的位置。

可惜好景不常，受到全球金融風暴的影響，物價狂跌，商品滯銷，右河市兵衛任職的公司遭受了倒閉的厄運，負債累累。

豈知，他竟然做出驚人的舉動，二話不說，捐出自己所有的財產，替公司償還一部分的債務。

幾年後，右河市兵衛發現一處廢銅礦，萌生了經營礦產的念頭，當他向銀行籌措資金時，銀行董事長聽說了他從前替公司還債的義舉，主動做他的保證人，貸給他一億元作為資金。

然而，這座廢銅礦早已被其他公司遺棄，開掘了數個月一無所獲，周圍的人開始嘲笑他，甚至說些風涼話。

但是，他絲毫不為所動，眼看著資金一天天消耗，銅礦卻連一點點影子都看不見，仍抱著「不成功，便成仁」的決心，咬緊牙關，一路堅持下去。

兩年過去了，正當銀行提供的資金快要變成赤字時，銅礦終於挖掘出來了，他也由一個無名小卒一躍而成礦山大王，多年來的奮鬥總算開花結果。

右河市兵衛的成功或許充滿幸運成分，因為他有幸遇見了貴人，所以才有機會完成了別人認為不可能的事。

然而，他之所以能夠遇到貴人，是因為他也曾經伸出援手，做了別人的貴人。

凡事有因必有果，今天你能夠有什麼收穫，完全在於先前種下了多少因。

太多的人終其一生，埋怨自己懷才不遇，苦行不得其志，之所以命運坎坷，皆因幸運之神從來沒有眷顧過他，卻從來沒想到，唯一能夠栽培自己、提拔自己的，不是別人，正是自己。

其實，一個人能夠修成正果，全靠自己平時燒香拜佛；在資訊快速傳播的時代，哪匹千里馬跑得快，人人都看得到，不一定非要遇上伯樂不可。

做人要藏心，做事要留心

下定決心去做你應該做的事；矢志不渝地做好你決意要做的事。

——富蘭克林《自傳》

腳踏雙船最安全

如果你同時與兩位上司共事，而這兩位上司之間情若冰炭，勢同水火，你就不得不考慮「腳踏兩條船」的技術性問題。

許多歷史上和現代社會中的名人，在功成名就之前，都曾幹過過河拆橋、投機取巧的小人勾當。如果你不知道壞人如何使壞，不知道「壞人」的心中到底懷著什麼「鬼胎」，那麼又如何能知己知彼，進而跟「壞人」周旋到底呢？

想要在既現實又複雜的職場叢林活下去，有時候要學會「腳踏兩條船」的本領。

說到「腳踏兩隻船」，很多人會皺著眉頭說，這豈不是騎牆派的做法嗎？跟用情不專的人有什麼兩樣？

其實，這是一種很大的誤解。

第一，職場不是情場，上司也不是你的愛人；腳踏兩條船只是適當地分散風險，而且在實際工作領域中，這是經常碰到的事。

第二，所謂的「腳踏兩條船」是指在晉升之途是窮凶極惡的，絕對不要逼自己一直走在鋼絲上，否則可能遭到不測。

法國的奧塞多維亞先生是世界上聲名赫赫的走鋼絲的專家，但是最後卻從橫跨兩座山之間的鋼絲上摔下，跌落山谷而亡。

奧塞多維亞曾於一九九七年走過固定在長江三峽兩岸的一根鋼絲，也走過無數次世界著名高樓大廈上的鋼絲，可是他最終還是粉身碎骨了。

在人生旅途中，千萬不要學奧塞多維亞那樣，為了要展現藝高膽大，而一直將自己置於高度危險的環境。

我們不能死心塌地跟定一個上司。因為，在很多時候，上司之間的關係極為微妙，或者變幻莫測。

如果你同時與兩位上司共事，而這兩位上司之間情若冰炭，勢同水火，你就不得不考慮「腳踏兩條船」的技術性問題。

如果你不這樣未雨綢繆，而是選擇跟定其中某一人，一旦有什麼閃失，那麼另外一位就會藉機將箭頭瞄準你，置你於「死」地，而你效忠的對象則有可能將你當成「擋箭牌」，任憑你白白犧牲。

但是，想要腳踏兩隻船必須踏得巧、踏得妙，否則極容易落水溺斃。

你不能赤裸裸地表明這樣的態度——你們兩個之間的事，我根本就不想捲入，哪個我都不想得罪。

擺明這種態度的話，他們兩個可能都不會對你有好感。

他們或許會認為你表面這樣說，實際上是和另一方暗中「勾結」，或許認為你就像寓言故事裡的蝙蝠一樣，是個騎牆觀望的投機傢伙。

結果，你就真變成了寓言裡的可憐的蝙蝠，兩邊都不要你，兩邊都不理睬你，有什麼機會或好處也輪不到你。

明智的辦法應該是，要盡量協調他們之間的矛盾，至少不要在他們中間搧風點火，擴大事態。

而且要經常和他們溝通，表示自己夾在中間處境十分為難。

如果甲上司叫你去做某事，你明知乙上司會反對，那麼你就應該主動跟乙上司談談，告訴他這是甲上司的意思，與他研究應該怎麼辦，有沒有不安之處。

在這種情況下，乙上司就很容易理解你的苦衷，即使你照甲上司的意思去做了，他也不會因此而忌恨你。

如果乙上司堅決不同意甲上司的意見和做法，那麼，他也不會把這個問題推給你，他會直接找甲上司交涉。

你只有這樣「乖巧」一點，才不至於成為雙方權力鬥爭的犧牲品，才有可能左右逢源，為自己鋪起一條金光大道。

做人要藏心，做事要留心

如果你不是偷保險箱裡的錢時被當場捉住，或是公開毀謗老闆，那麼，你可以在許多公司裡找到謀生的工作。

——加里·莫哈爾

接近深具潛力的上司

與其刻意巴結討好現在正春風得意、紅得發紫的上司，倒不如退而求其次，用心去接近具備創大業、做大事潛力的上司。

想要讓自己在升遷的道路走得平穩順暢，最基本的原則還要眼睛放亮點，細心觀察你目前的上司有沒有必備的領袖性格或領導人特質，能夠使他從激烈的人事競爭中殺出層層重圍。

所謂「路遙知馬力，日久見人心」，強調的就是患難時期最容易見真情，貧賤之交最難以讓人忘懷。

這層道理也可以運用在選擇追隨哪位上司。

如果你還年輕，有足夠的等待時間，那麼，就要懂得逆勢操作的奧妙，與其刻意巴結討好現在正春風得意、紅得發紫的上司，倒不如退而求其次，用心去接近現在並不走紅，甚至有些抑鬱不得志，但是具備創大業、做大事潛力的上司。

這是因為，他現在地位不高，向上晉升的態勢還不明顯，沒有眾星拱月的優越感，願意與他接近的人並不多。

如果此時你誠心誠意追隨他，他就會對你產生感激之情，產生知遇的好感，知道你並不是那種追腥逐臭、趨炎附勢的泛泛之輩。

如果有一天他的運勢否極泰來，突然飛黃騰達了，你就極有可能是他安排人事佈局時第一個考慮到的人。

屆時，你無須多費唇舌，更無須汲汲營營鑽逢，很快就會吉星高照，獲得上司提拔重用，還會跟他在以後的共事中更加親密無間。

儘管，此時他必然終日被那些忙著交心、獻媚的下屬和同僚纏得脫不了身，但是，你仍然可以「不戰而屈人之兵」，靠著先前的運籌帷幄而「決勝千里之外」，

戰勝那些臨時「抱佛腳」的人。

當然，那些急功近利、趨炎附勢、過於市儈的人，眼光不會看得那麼長遠，也很難做到這一點。

正因為如此，你更必須具備高瞻遠矚的做人做事智慧，讓自己站得高一些，看得遠一些，那麼，成就也會超越別人。

做人要藏心，做事要留心

假話是社會生活中不可缺少的，因為，把自己的一切都暴露無遺的人，人際關係勢必置於險境。

——宮城音彌

踩著同事的肩膀往上爬

你能不能踏著同事的肩膀順利往上爬，全看你是否平常就牢牢掌握了同事的心，這會影響到他們願不願意在關鍵時刻支援你。

科學家牛頓曾經說：「如果我比笛卡爾看得遠，那是因為我站在巨人的肩膀上的緣故。」相同的，在一家公司或一個團體裡工作，想要順利獲得晉升，你也必須站在同事的肩膀上。

首先要瞭解自己目前所處的地位，還要處理好上司、部屬與同事這三者之間的人際關係，並想辦法牢牢掌握部屬和上司的心。最重要的是，你一定要摸清楚同事們的工作狀況和生活情形，瞭解他們的興趣和願望，和他們保持和諧的關係，才能借力使力，讓自己順著這條渠道，比他們更快獲得升遷。

一般而言,同事是指和自己職位相等的人,比只是在一起工作的人還要親密的工作夥伴。在公司部門裡,特別是在晉升機會較少的部門,每當有職位出缺,就有許多競爭者為了晉升而勾心鬥角,擠得頭破血流,從來不會靜下心來思考如何利用同事,幫助自己達成夢想。

在職場工作,維持生活開銷和獲得成功的感覺,是上班族最終,也是最大的目的。因此,在不違背自己價值觀念、不使用權謀詐術的原則下,只要你能牢牢掌握同事的心,想要達成自己的目的,絕非困難之事。

如果你平時就能對同事表現這種寬大的胸懷,設法去瞭解他們的心思,盡力幫助他們達成目標,那麼,這些同事就會變成你最佳的墊腳石,升遷的時機一到,你就能捷足先登,踩著他們的肩膀往上跳,比其他人爬得更高更快。

在等待升遷的時候,為了要讓這種可能性更加篤定,平常你就必須讓周遭的同事公認你有資格成為他們的新上司。再說,要讓他們日後心甘情願為你效勞,也必須使他們對你的為人處事心服口服才行。

一般而言，人事單位在考慮是否由你晉升之前，會先徵詢其他同事的意見：「你們認為他適當嗎？」

同事們所表達的意見，或許不會直接左右人事單位的決定，但還是會被列入人事審核的重要參酌資料。假使人事單位所得到的答案是：「要我在他手下做事，門都沒有！」那麼，即使你最後還是晉升了，將來也無法順利地管理你的部屬。

你能不能踏著同事的肩膀順利往上爬，全看你是否平常就牢牢掌握了同事的心，這會影響到他們願不願意在關鍵時刻支援你，至少不要扯你的後腿。因此，想要出人頭地的上班族，平常就要努力做好同事之間的人際關係，千萬不可疏忽。

做人要藏心，做事要留心

我們可以知道一個簡單的道理，那些膽敢在貓的耳朵產子的老鼠，一定詭計多端的鼠輩。

——約·海伍德

為自己選擇一個最好的跳板

就像古時候封建貴族們擁有自己領地和城池一樣，你也應該為自己好好地挑選一個有利的戰鬥位置，才能據此「攻城掠地」。

如果你擁有比別人更加出色的才幹，常常協助別人解決難題，而且在公司擁有和諧的人際關係，你就掌握了許多可供使用的籌碼，一旦你需要幫助的時候，隨時都可以轉換成助力。

只要你不輕易浪費籌碼，久而久之，這些籌碼就會累積成一大筆無形的財產，為自己鋪設一條平步青雲的晉升之路。

當你擁有了別人所欠缺的助力，接著就可以根據自己的專長，擬定日後的升遷

目標，想辦法讓自己躋身最有利的位置。

你不妨思索：「在公司裡，最有利的職位是什麼？最不利的職位又是什麼？我要朝哪個方向前進，才能快速躋身權力中樞？」

你必須先確認自己擁有什麼樣的專長與希望獲得哪個重要的職位，然後把這個職位當成自己的跳板。

就像古時候封建貴族們擁有自己領地和城池一樣，你也應該為自己好好地挑選一個有利的戰鬥位置，才能據此「攻城掠地」。

也許你會問：「難道別人就不會運用手腕嗎？」

不錯，很多人都同樣處心積慮地在圖謀籌劃自己的未來，想要爬到最有利的地位，握有最大的實權。

但是，你不必擔心也不用介意，因為，整天漫無目的地過日子，毫無奮鬥目標的仍然大有人在。

有些人外表像老虎般威武勇猛，似乎行事相當敏捷、果斷，實際上卻是唯唯諾

諾的好好先生，軟弱得近於羔羊。

這樣的競爭對手根本不堪一擊。

有的人雖然頭腦聰明，足以成爲你競爭上的勁敵，但是，這些人往往恃才傲物，缺乏耐心、毅力。這樣的人根本也成不了氣候，你只要能善用做人做事的巧妙手腕，成功最後必然屬於你。

做人要藏心，做事要留心

有許多真話，需要有人去講，可是始終沒人敢講；有許多真相，需要有人去揭露，卻始終沒人敢去揭露。

——塞繆爾·巴特勒

別帶著有色眼鏡看人性

人性其實很簡單，你付出什麼，就會得到什麼。將「人性」複雜化，或貼上負面標籤，只會讓你得出負面的分析結果。

有許多身居高位的大人物，會細心記住一些小職員或只見過一兩次面的下屬的名字，在電梯或門口碰到時，從容叫出他們的名字。如果你也肯下這樣的功夫，一定會讓下屬受寵若驚。

人非草木，孰能無情。大部分人都講究人情味，喜歡「將心比心」，因此，你想要別人怎樣對待你自己，你自己就得先怎樣對待別人。這也就是「同理心」或「易位思考」，即設身處地為別人著想。

在經營自己的辦公室人際網路時，千萬要記得只有先付出誠摯的真情，才會獲

得投桃報李的回應。

日本著名的企業家松下幸之助就是一個相當注重感情投資的人。他曾說過：「最
失敗的領導人，就是那種員工一看到你，就像魚一樣逃開的領導。」

在創業早期，松下幸之助每次看見辛勤工作的員工，都會親身送上一杯自己泡
的茶，並充滿感激地對他說：「太感謝你了，你太辛苦了，請喝杯茶水吧！」

正因為在這些小事方面，松下幸之助都不忘記表達對下屬的感激和關懷，因而
獲得了員工們一致擁戴，每個人都心甘情願地為他效力，設身處地為他著想。

人性其實很簡單，你付出什麼，就會得到什麼。將「人性」複雜化，或貼上負
面標籤，或者戴著有色的眼鏡去看「人性」，只會讓你得出負面的分析結果，替自
己的工作和生活帶來一些不良影響。

不管現今的社會如何現實，有時候，誠懇親切地對待同事或下屬，仍然可以輕
而易舉地解決你長期以來都感到棘手的問題。

譬如，你以命令的語氣要員工去做某件分外的事情，他或許會找各種理由推託，或者婉轉地要你找別人做，甚至「大義凜然」地以這不是自己分內工作而拒絕，讓你當場難堪不已。但是，如果你誠懇地說一聲：「請你幫個忙，好嗎？」問題就有可能迎刃而解。

誠懇親切的態度會傳達出人類與生俱來的，或許是潛意識裡面的認同感。那是一種彼此珍視的共鳴，或者說是對「人性」──人不同於其他物種的一種呼喚。

做人要藏心，做事要留心

求職的時候，面對老闆，你必須去刺激他、說服他，你要吹噓一番，不然，你就沒機會了，相信我。

──吉伯特

有才華，也要懂得生存的方法

才華橫溢的人容易有恃才傲物、好高騖遠，如果你自認是個才華洋溢的人，就必須更加熟悉職場的生存法則，以免自己落得悲慘的結局。

在職場中我們常常會發現，才華洋溢的人往往不是成功者，而許多能力平庸的人卻在升遷過程如魚得水。

這是因為，才華橫溢的人往往是自負的，也經常在無意中表現出恃才傲物的姿態，無法與周圍環境的人事物進行良好互動，與團隊格格不入，自然受到其他人排擠，很難有所表現。

此外，他們並非什麼都懂，還是會有不足之處，對於自己無法掌握的事，往往除了歎息就是無奈。

至於，那些才智平平的人卻知道自己不足之處，懂得如何待人處事，懂得如何把握升遷的機遇，懂得如何把有限的才智用在最該用的地方，反倒可以在工作場合中平步青雲。

才華橫溢的人容易有恃才傲物、好高騖遠、不願意老待在一個地方……等毛病，做事時也往往忽略別人的感受。

正因如此，著名的日本松下電器公司的用人理念是只用具有七十％能力的人，而不用業界最優秀的人。

因為，這些人做事認真，而且友善、謙虛，對上司和同事更具親和力。

所以，如果你自認是個才華洋溢的人，就必須更加熟悉職場的生存法則，以免自己落得悲慘的結局。

首先，要懂得與其他同事合作。

在職場上，才華只是成功的諸多要素之一，你的才華必須先融於團隊之中，與

其他人的才華相互配合，形成一加一大於二的合力效應，這樣團隊才能成功，你也才可以彰顯個人的成就。

想要在現實生活中生存，要先試著去適應自己身處的環境，然後在展現自己才華的過程中，努力創造一個更加適合自己的新環境。

做人要藏心，做事要留心

對一個人來說，如果想要知道自己該向哪裡進攻，在哪裡據守，往哪裡撤退，別急著研究自己，必須先了解你的競爭對手。

——戴維·斯托特

06

越狡猾，
越能成為大贏家

一提起耍花招，人們也會自然想到商場老手，

因為只有他們最為老謀深算，

耍出來的花招五彩繽紛，

叫人眼花撩亂，捉摸不定，

對手就在不知不覺中落入圈套。

用對方的荒謬說法駁斥對方

人與人交涉之時，若是對方提出不合理的要求時，就要誘導對方陷入自相矛盾的狀況，使他走上一條自我否定的道路。

一九一七年的某一天，俄國詩人馬雅可夫斯基上街買生活用具的途中，聽到一個女人中傷布爾什維克（前蘇聯共產黨前身）：「布爾什維克是土匪，是強盜，他們殺人，放火，搶女人⋯⋯」

馬雅可夫斯基聽了火冒三丈，於是大聲喊道：「抓住她，她昨天偷了我的錢！」

「你說什麼呀？」女人極力爭辯：「你搞錯了吧？」

「沒錯。」馬雅可夫斯基對圍觀的人群一本正經的說：「就是這個女人，偷了我二十五盧布。」

人們都對這個被指為竊賊的女人怒目相視，還有人對她吐口水。後來，人群漸漸散去，那女人淚流滿面的對馬雅可夫斯基說：「上帝可以作證，你瞧瞧我吧，我可是頭一次看見你呀！」

馬雅可夫斯基認眞的道：「可不是嗎？太太，妳才頭一回看見布爾什維克，怎麼就大罵起布爾什維克來了？我勸妳回家後，好好的想想剛才妳說過的話吧。」

馬雅可夫斯基擊倒那個以惡毒語言中傷布爾什維克的女人，用的是「請君入甕」的歸謬法。

他先以女人「布爾什維克是土匪」的論點為前提，然後讓她自己否認「她昨天把我的錢袋偷走」這個論點，她的理由是「我可是頭一次看見你」，如果她是小偷的話，則今天應該是第二次見面才對，所以她不是小偷。

同樣的，她「頭一次見到布爾什維克」，又怎能說「布爾什維克是土匪」呢？有什麼根據呢？馬雅可夫斯基把她的論點推演到非常明顯的荒謬結論，證明她說話的虛假性。

又如一個大學生考上研究所後，拋棄妻子，在新的生活圈子裡找戀人。面對同學們的批評，他狡辯說：「身分地位變了嘛，對從前的伴侶失去了感覺，所以為什麼不可以再尋找真正的愛情？」

一個同學針對他的論點「身分地位變了」提出反駁，說道：「如果一個人的身分地位變了，和從前的伴侶沒有了共同語言，從而也就失去了愛情的話，那麼，倘若你從碩士升到博士、副教授、教授的時候，不知該談多少次戀愛，尋找多少回『真正的愛情』了。」

還有一個更有趣的荒謬故事，也是運用這種原理。

從前一個吝嗇的地主叫家裡的長工去買酒，卻不給錢。

長工問：「老爺，沒有錢怎麼能買到酒呢？」

「花錢買酒誰不會？不用花錢就能買到酒，才算有本事呢！」臉厚心黑的地主詭辯地說道。

於是，長工拿著空瓶去一位以機智聞名的書生那裡訴苦。書生見他哭得可憐，認為這個地主小氣得太過荒唐，就給他出了個主意。

於是，長工笑嘻嘻地拿著空瓶回去，對地主說：「老爺，酒買來了，請老爺好好喝上兩盅吧！」

地主見仍是空瓶，裡頭根本沒有酒，便大發脾氣。

長工氣定神閒，笑著說：「酒瓶裡有酒誰不會喝？要是能從空瓶裡喝出酒來，那才叫有本事呢！」

書生教長工用歸謬法制伏了地主：如果他認為「從空瓶裡喝出酒來」是荒謬的，那麼也就否定了自己「沒錢能買到酒」的荒謬說法。

人與人交涉之時，若是對方提出不合理的要求時，就要誘導對方陷入自相矛盾的狀況，使他走上一條自我否定的道路。

怎樣才能讓對方在誘導下，慢慢兒走上自我否定的道路呢？這就得在改變對方荒唐論斷的表達形式時，既讓他感到推論不合情理，又不能先讓對方察覺到是自己

原本的觀點，才能讓他說出反對自己的話來。

做人要藏心，做事要留心

最艱難的競爭往往不是來自睿智、謹慎的競爭對手，而是來自不顧成本的經營者，這樣的人最後不是躲債落跑，就是宣告破產。

——約翰·洛克斐勒

面對強詞奪理，要懂得反唇相譏

日常交際中，常會碰到一些心術不正、喜歡惡意諷刺、挖苦別人的人。為了維護自己的尊嚴，同時也給對方一個教訓，應該抓住他的謬誤要害，反過來進行反諷。

有種隱含假設式的誘問，是引人上鉤非常高明的手法。

一天，少年華盛頓家中丟了一匹馬，有人指證說是被附近的鄰居偷走了，於是，他請一位警官陪著去索討。但是，鄰居不肯歸還，聲稱那是自家的馬。

小華盛頓於是上前用雙手蒙住馬的眼睛，然後問偷馬的鄰居：「如果這馬是你的，請告訴我，馬的哪隻眼睛是瞎的？」

鄰居想了一下，猜測說：「右眼。」

小華盛頓放開右手，馬的右眼明亮有神，顯然沒有瞎。

「我說錯了，馬的左眼才是瞎的。」鄰居急忙改口辯解。

小華盛頓又放開左手，結果馬的左眼也是雪亮的。這時，警官嚴厲的宣判道：

「這樣一來，已經證明馬不是你的，你必須立刻把馬還給華盛頓先生。」

小華盛頓採用的隱含假設式誘問，問話中帶有圈套，才能出奇制勝，讓鄰居措手不及。這種隱含假設式誘問，也常運用到談判或辯論當中，聰明的談判者和辯論者都會以此來戳穿對方的謊言。

另外，在論辯中，只要揭露對方依據是虛假的，那就如同蝕根倒樹一般，對手的論點很容易就會被推翻。

如果對方無理取鬧、強詞奪理，你也不可示弱，適當地運用一下也未嘗不可。使用這種方法時，要承接對方的講話內容，以其中的語句做反擊，順序推倒對方的論點。

法國細菌學家巴斯德前往巴黎參加學術會議，旅館接待員安排他住在一個陰暗

潮溼的小房間裡，因為他的衣著看起來不名門貴族，像老百姓一樣普通，行李箱又舊又簡單，因而被認定是個窮酸老頭。

巴斯德受此待遇很生氣。

後來，那個接待員得知他是個名揚四海的大教授時，笑容可掬地向他道歉說：

「我以為人的外表和他的聲名是成正比的，所以，我把您弄錯了，實在對不起……」

「不，我認為一個人外表和無知才是成正比的。」巴斯德不等他說完，立即反譏一句，羞得接待員面紅耳赤、無地自容。

巴斯德教授機智的反唇相譏，無疑是用深刻的語言，點出對方以貌取人的勢利。

反唇相譏多是為了批評自己看不慣的現象，諷刺和挖苦醜惡的行為。

在一輛電車上，一位老太太上車後，發現車上已經沒有空位，只好站著忍受顛簸之苦。此時，有位先生從座位上站起來，客氣地讓座，這位老太太泰然坐下之後，竟然吭都沒吭一聲。

鄰座一位先生對老太太不禮貌的行為很不滿，轉身問那位老太太：「老太太，

您剛才說什麼呀？」

老太太覺得奇怪，莫名其妙地回答：「先生，我什麼話也沒說呀！」

那位先生立即致歉，說道：「喔？真是對不起，我還以為是您向這位讓座的先生說『謝謝』呢！」

話音一落，哄笑聲差點把車廂震破。老太太這才知道自己的無禮，感到很不好意思。

人們在日常交際中，常會碰到一些心術不正，喜歡惡意諷刺、挖苦別人的人。

為了維護自己的尊嚴，同時也給對方一個教訓，應該抓住他的謬誤要害，反過來進行反諷，以下就是一個很好的例子。

童話作家安徒生的一生極為勤儉樸實，喜愛戴一頂破舊的帽子在街上閒逛。某天，一個路人嘲笑他道：「你腦袋上的那個是什麼東西，能算是頂帽子嗎？」

安徒生聽了後，毫不猶豫，狠狠回敬了一句：「你的帽子底下那個是什麼東西？能算是個腦袋嗎？」

死纏爛打也是求勝的方法

當彼此的交涉過程陷入僵局之時，厚著臉皮死纏爛打的交涉模式，有時會發揮不可小覷的功效。

一家設備製造公司準備向某國外廠商銷售一套設備，由負責該公司出口業務的Y君進行交涉。一套設備價值幾億元，年輕而資歷又淺的Y君能否擔此重任，公司正拭目以待呢。

Y君與對方經過幾番談判，漸漸觸及到價格的問題，公司和Y君都對這一套設備寄予賣好價的厚望。可是，就在此時，對方認為Y君的報價「至少貴了三成」，意思是報價與對方出價差距太大，沒有再談的必要。

談到這一步不容易，現在放棄，豈不是太可惜？對方的業務員再次強調，不降

三成就免談，立場很強硬，不留商量的餘地。然而，設備製造公司覺得降價的幅度不可能這麼大，因此，成交的信心開始動搖。

Y君反覆思考後，鐵了心想：「要放棄這筆生意可以，但絕不是現在，目前已到了破釜沉舟的時刻，不如再博一把。」

他於是把自己的意見向上司彙報。上司答覆道：「那你就放手一搏吧。反正是成是敗只有聽天由命了。」

在對方已經拒絕談判的情況下，Y君還想扭轉乾坤、反敗為勝，簡直有些不知天高地厚。可是他不這麼想，他認為反正大不了不給對方一腳踢出門罷了，於是做了心理準備後，硬著頭皮去敲對方的大門。

當Y君向對方提出可以降價三成時，對方接洽人簡直嚇呆了，心想已經說過免談了，這小子怎麼又找上門來了？於是道：「這種價格可不是我能夠決定的，我得向主管請示。」

主管自然也還記得他已表明過不必再談，但一看到Y君的出現，聽到他提出的價格，也呆愣愣的不知說什麼才好。

Y君堅持道：「我是真的很想做成這筆生意，現在向貴公司提出的這個價格，我們的讓步相當大。如果貴公司還不能決定，我是不會輕易就此離去的。」

這位外國廠商主管為Y君的決心懾服，雖然離公司的出價還有些距離，但仍可以從下筆交易中補回，於是召來業務員，準備起草合約。

事後，晉升為主管的Y君回憶說：「正因為對方主管是個城府很深的人，對交易上的考量不會只著眼於眼前的局部利益，所以，我的上司才敢派我這個涉世未深，而不知道畏懼的毛頭小子前往交涉。現在，我在指導部屬之時，也會放手讓他們自己去闖闖看。」

剛調入該公司內銷部門不久的J君，接到一件客戶抱怨的案子。對方的採購課長打電話來說，購買的高爐有問題，要求設備公司派J君與技術人員一同前往處理。

可是，技術人員一直無暇前往，結果對方的採購課長被激怒了，指責J君說：「你沒有做好妥善安排，是你的不對。」並且揚言說：「再也不向你們採購了！」

對方是設備製造公司的大客戶，每月都有固定訂單，而設備製造公司本來就訂

單不足，競爭公司還在拉他們的客戶，在這種情況下，若再失去這個大客戶，公司就損失太大了。

J君急得如熱鍋上的螞蟻，反覆向對方解釋，交涉卻一直無效，到第二個月訂單果真停了。J君見事情砸在自己的手裡，便想反敗為勝，很有耐心地每天都前去拜訪這位強硬的採購課長，站在課長辦公桌前說：「請給我一個機會吧！」一站就是二十分鐘。

見對方一聲不吭，埋首工作，J君就說：「我明天再來好了！」

第二天，J君準時到達，一站又是二十分鐘，課長還是不理不睬。

一個星期過去了，課長終於被J君的誠意感動，於是兩方再度展開生意的往來。

當彼此的交涉過程陷入僵局之時，厚著臉皮死纏爛打的交涉模式，有時確實會發揮不可小覷的功效。譬如，J君就是靠自己的決心、耐心、苦心、誠心，贏得了對方的信任，最後挽回了劣勢。

說話辦事要懂得適時讚美

抓住心理需求，讓他人的願望得到滿足，你無須付出太多心力，卻能使自己的人氣不斷提升，辦起事來得心應手。

日本作家桐田尚作曾經這麼說：「要建立良好的人際關係，要先多瞭解每一個人所秉持的主觀信條和所屬環境，如此才能切入他的思想領域，和他進行更密切的溝通和良好互動。」

日常生活中，我們都免不了要和別人打交道，無論是洽談、溝通，或是涉及權益的談判，常常考驗著我們的應對進退能力。

將心比心、投桃報李，是聰明人都懂得的做人道理。

善待身邊的人,他們必會透過不同的方式回報。會做人的人從來不忘善待身邊的每個人,不會做人的人則只懂善待自己。

生活中絕大多數的人,都喜歡聽到別人的讚揚,從自身地位卑微、一貧如洗,到身世顯赫、腰纏萬貫,無一例外。

聰明人會抓住這種心理,在適當的時機,滿足他人希望被稱讚的願望,以博取好感,拉近彼此的距離。

相較之下,腦筋迂腐、不懂變通的人,即使知道別人需要得到心靈上的滿足,也不願意開口說點好聽話,尤有甚者,還會給人當頭一棒,澆下一盆冷水,打消別人的興奮期待情緒。

抱持這種錯誤態度,在人際交往中處處碰壁,實在怪不得任何人。

只要細心觀察就不難發現,時下廣告用語已經抓住了這項人性特質,會在宣傳的商品同時不露痕跡地稱讚消費者,例如「聰明的人都會使用」、「想成為人人羨慕的對象就要使用」。

由此可見，聰明的生意人都摸透了人們希望受稱讚的傾向，把它作為一種經營方法，運用到激烈的商戰中。

現實生活中，絕大多數人，都不可能一下子由平庸變成受矚目的傳奇人物，就好像一個普通的職業婦女，絕不可能只因為使用了某種化妝品或穿上某件衣服，便一下子搖身一變為名媛貴婦。

但十分有趣的是，儘管明知自己不會變成貴婦，婦女們仍捨得花大錢購買那些昂貴的商品。為什麼呢？原因很簡單，因為廣告中透露出的讚美與暗示，使她們的虛榮心得到了滿足。

抓住心理需求，讓他人的願望得到滿足，之後再求對方辦事，他自會為你肝腦塗地、義無反顧。

一來一往過程中，你無須付出太多心力，卻能使自己的人氣不斷提升，辦起事來得心應手。

想想，還有比這更「便宜划算」的事情嗎？

明白這個道理之後，我們可以把滿足他人希望得到讚美的願望，當作為人處世中必備的一件致勝法寶。

不過，更進一步來看，怎樣才能將這個法寶應用得活靈活現呢？這是人們急切想知道的問題。

人際交往互動的過程中，一旦有摩擦產生，我們經常可以聽到當事者說出「你算什麼東西」、「你有什麼資格說我」、「你以為你有多了不起」……之類傷人的話。

歸根究柢，敢於說出這種話的原因，是大部分人對似乎無關輕重的「小人物」，根本不放在心上，也不給以應有的尊重。殊不知，「小人物」也有可能在特定的場合、特定的時間成為決定成敗的大將。

任何想塑造好形象的人，都要懂得一個最基本道理──善待身邊的每一個人。

而善待他人的最好方法，就從讚美開始。

越狡猾，越能成為大贏家

一提起耍花招，人們也會自然想到商場老手，因為只有他們最為老謀深算，要出來的花招五彩繽紛，叫人眼花撩亂，捉摸不定，對手就在不知不覺中落入圈套。

山野叢林中，弱肉強食之戰無所不在。與虎狼相比，狐狸處在弱者地位，卻能生存下來，原因由於牠的足智多謀。

競爭激烈的商業社會也是一樣，沒人可憐你，你也不能可憐他人。競爭是實力和智慧的較勁，必須選擇自己的必勝戰略，制定對付強手的靈活戰術。

戰爭中使用的戰略，主要在你死我活的廝殺中獲勝。談判也是戰爭，但不是你死我活的殺伐，而是共存共榮的搏鬥。

在談判戰爭中，沒有絕對的贏家，也沒有絕對的輸家，因此，使用的戰略自然

與戰爭略有不同。

談判的勝敗也與兵家不同，談判過程中，不成交便是失敗，雙方都是輸家；達成交易即是勝利，而且是雙方的勝利。合作式、共同解決難題的談判戰略，是彼此尋求成功的途徑，求取雙方都能得到利益的最佳結局。

嚴格的敵對式戰略是堅持各自立場、互相設置障礙、互招喉嚨的戰略；這種戰略對雙方都是一種傷害。所謂不敗的高明策略，就是合作式談判的過程，化解敵意的僵局，雙方達成期待的協定。

談判高手的高明之處，就在於反敗為勝，制定不敗的策略。

一提起耍花招，人們也會自然想到商場老手，因為只有他們最為老謀深算，耍出來的花招五彩繽紛，叫人眼花撩亂，捉摸不定，對手就在不知不覺中落入圈套。

見識一下像狐狸般狡猾的商場老手，應付各種對手的招術，將有助於你的功力。

拉第耶是法國的大企業家，有一回，他專程來到新德里為一筆推銷飛機的大買賣，找拉爾將軍談判。

他幾次約將軍洽談，都沒能如願。最後，他找到拉爾將軍時，在電話裡卻隻字不提飛機交易的事，而只是說：「我以私人名義專程到新德里拜訪閣下，只要十分鐘，我就滿足了。」

拉爾將軍終於勉強答應了。當秘書引著拉第耶走進將軍辦公室時，板著臉囑咐說：「將軍很忙，請勿佔太多時間！」

拉第耶心想對方表現得麼冷漠，看來十有八、九生意是做不成了。

「您好，拉第耶先生！」將軍一進來，出於禮貌的伸出手，想三言兩語就把客人打發走。

「將軍，您好！」拉第耶表情真摯，坦率地說：「我衷心向您表示謝意，感謝您對敝公司採取如此強硬的態度⋯⋯」

將軍一時之間被他說得莫名其妙，答不出話來。

「不過，您使我因此得到一個十分幸運的機會，在我生日的這一天，又回到自己的出生地。」

「您出生在印度嗎？」將軍微笑了。

「是的。」拉第耶打開了話匣子：「一九二九年三月四日，我出生在貴國名城加爾各答。當時，我的父親是法國歇爾公司駐印度代表。印度人民是好客的，我們全家得到很好的照顧……」

拉第耶又娓娓談起了童年生活的回憶：「在三歲生日的時候，鄰居一位印度老太太送我一件可愛的小玩具，我和印度小朋友一起乘坐在大象背上，度過了一生中最美好的一天。」

拉爾將軍深深的被感動了，當即邀請他說：「您能來印度過生日實在太好了，今天我想請您共進午餐，以表示對您的祝賀。」

汽車駛往餐廳的途中，拉第耶打開公事包，取出一張泛黃的照片，恭敬地展示在將軍面前：「將軍，您看這個人是誰？」

「這不是聖雄甘地嗎？」將軍驚訝地說。

拉第耶唱作俱佳地回答：「是呀，您再瞧左邊那個小孩，那就是我。四歲時，我和父母一道回國，在途中十分幸運的和聖雄甘地同乘一艘輪船，這張合照就是那次在船上拍的，父親一直把它當做最珍貴的禮物珍藏著。這回，我還要去拜謁聖雄

甘地的陵墓。」

「我非常感謝您對聖雄甘地和印度人民的友好情誼！」將軍聽了這番話十分感動，親切地說。

於是，午餐是在親切融洽的氣氛中進行。當拉第耶告別將軍時，這筆大買賣就已拍案成交了。

拉第耶為贏得會談的時間，以自己生日為名義，讓將軍付出更多的時間來招待他。更重要的是，他善於表演、口若懸河，贏得了將軍的信任，為談成生意達到了關鍵的作用。

用拖延戰術逼對方就範

美商毫無戒備的掏出回程機票，日本職員藉著熱情的服務，輕易地掌握到美商歸期的情報，於是在時間上大作文章。

一位帶著許多本分析日本人心理書籍的美國商人，搭乘飛機前往日本洽談生意。

飛機在東京機場著陸後，這位美國商人立即受到兩位專程前來迎接的日本職員禮數周到的接待，並爲他辦妥了所有的手續。

日本職員問他：「先生，您會說日語嗎？」

美商搖搖頭：「不會，但我帶了一本字典，希望能學一學。」

日本職員又問：「您是不是已經預定好搭機回美國的時間？屆時我們可以安排一輛車送您去機場。」

美商覺得日本人相當體貼周到，對這輛接他的總統級豪華房車讚不絕口，便毫無戒備掏出回程機票給他們看。

日本職員藉著熱情的服務，輕易地掌握到美商歸期的情報，於是施展拖延戰術，在時間上大作文章。

日本公司安排美商參觀皇宮、神社……等名勝古蹟，甚至還招待他參加一個用英語講解「神機」的短訓班，理由是讓他能更完整的瞭解日本文化。

這樣一來，足足用掉了一週的時間。

除了白天遊覽之外，日本公司晚上也沒讓美商有空閒時間，殷勤地舉辦晚宴款待，召來藝妓侍奉，使得美商有些樂不思蜀的感覺。

當然，美商並沒忘記談判的重任，可是，只要他一提起公事，日本公司就寬慰他說：「不忙，不忙，時間還多呢！」

直到美商在日本的第十二天早上，雙方才得以坐上談判桌展開協商。可是到了下午，卻又安排他去高爾夫球場打球。

到了第十三天，雙方才又重新開始談判，然而日方又假借請美商出席盛大歡送

會，提前結束談判。

到了晚上，美商開始著急了，因爲明天是他搭飛機回國的日子，可是在杯觥交

錯的宴會中又如何能談論公事呢？

終於到了美商回國的這天上午，重新開始的談判才剛觸及實質性的關鍵問題時，

接送的轎車在門口響起喇叭，到了前往機場的時候了。

談判雙方只好在前往機場途中的轎車裡，商談所有的關鍵條件。當轎車到達機

場時，剛好達成協議，並簽署了合約。

美商是專程來日本談判的，如果不能達成協議的話，豈不是白跑一趟？同時，

自己回去後對公司也無法交代，只好做出較大的讓步，讓日本公司多占了便宜。

結果，日本公司不但在這筆交易上獲利甚豐，還節省了一大筆資金。

聰明的開始，完美的結束

並不是按照計劃行事就能穩操勝算。許多計劃進行過程變幻莫測，時常暗藏著突發狀況與意想不到的風險，需要不斷視情況調整原來的戰術。

某服裝店生意興隆，營業額大幅上升，但是，卻想盡辦法逃漏稅款，面對國稅局的稽查，絲毫不承認營業額增加。於是，國稅局便派了一個稅務稽查員假扮服飾批發商上門查證。

稽查員問：「有筆大生意，你做不做？」

「只要是生意上門，哪有不做的道理！您有哪種款式？數量有多少？」老闆笑著回答說。

「單排扣西裝，四百套。」

老闆眼睛一亮說：「我正想買進一批西裝。報價呢？」

稅務員故意說：「每套二千八百元，如果全要，可以打五折。就怕你吃不下這個數量。」

「笑話，我全都要。」

「你全要？我可要提醒你，按規矩，貨款必須在兩個月內付清。」稅務員假裝不可置信地說。

老闆於是得意地回答：「兩個月我還賣不掉嗎？」

「這可是數十萬元的生意喔。」

「這根本不算什麼，今年以來，我哪個月不賣個三、四十萬？」老闆毫不設防地笑著。

「那好，你就先把這幾個月來逃漏的稅額補繳了，我們再來談這筆生意吧。」稅務員立刻接著說，並且亮出證件。

「你……天哪！」

老闆嚇住了，沒想到這個生意人原來竟是稅務稽查員假扮的。

稅務員從老闆嘴裡套出了營業額大幅成長的訊息，終於讓他服服貼貼補繳了逃漏的稅款。

從這則故事我們得知，行事之前應該先設想可能採取的步驟，如討價還價、脅迫、妥協……等技巧性問題，有人稱之為沙盤推演。

《孫子兵法》說：「用兵之道，以計為首。計先定於內，而後兵出境。」著手準備某項計劃時，縱然千頭萬緒，然而，首先仍應該先定出必勝之計──這就是計劃和策略。

在進行了情報蒐集、整理、分析之後，在知己知彼的基礎上，才能制定正確的談判運作方針。

但必須注意的是，並不是按照計劃行事就能穩操勝算。進行過程變幻莫測，時常暗藏著突發狀況與意想不到的風險，需要不斷視情況調整原來的戰術。

可以肯定的是，有備而來與盲目行動，結果是大不相同的。

例如，每個人在工作上都會遇到的一種談判：加薪。交易無論多麼複雜，難度

無論多大，需要的是用合理的方法來談判，以及要如何處理才能達到目的。也就是說，預先得訂定一個遊戲計劃。

有效運作的計劃應該是：

一、將自己的想法馬上傳達給公司老闆，讓他對此事情有所醞釀。

二、自己所採用的談判方法必須能適用各種不同的情況，包括一般性討論和激烈的辯論。

三、有時必須依賴自己的經驗或者專業知識。

四、妥善運用槓杆原理，發揮自己的優勢，使談判勝利。

五、擬定有效對付各種談判的方式。

六、拒絕不是對自己最有利的交易方法，應該接受能達成雙方實際利益的協定。

以上是預設的談判計劃中的條件，在談判開始之後，貫穿整個過程，有以下四個主要步驟：

一、什麼是最需要的？

二、應該從什麼地方開始？

三、什麼時候行動比較合適？

四、怎樣結束談判？

以上這四個步驟，將說明你達成以下四個重要議題上的決定：

一、達成實際的期望值。

二、決定合適的開價起點。

三、設計一個具有迴轉空間、以退為進的讓步模式。

四、設定最終妥協的底限。

這相互關係的四個步驟缺一不可，千萬不要就一個問題選擇聰明的起點，卻不知如何適時結束。如果最初沒有選好立場，那麼在達到期望的整個談判過程中，就會增加許多麻煩。

若是你設計的談判過程被對方誤導，就必須臨時調整，以便自己能在有利的條件下完成交易。

沒事不要亂發牢騷

「心直口快」的人，就好比是三國時期的魏國大將許褚，脫光衣服上戰場，最後必然身上中滿了飛箭。

中國自古以來就是一個口舌是非多得出奇的國度。

遠在秦始皇時期，有些讀書人只不過茶餘飯後窮極無聊說點閒話，秦始皇就勃然大怒，將這些儒生全都活埋了，連這些儒生所讀的竹簡也全部燒毀了。

繼秦始皇的「焚書坑儒」之後，中國人，尤其是讀書人幾乎是戰戰兢兢地活了兩千年。即便是藏頭縮尾忍氣吞聲，還是免不了一不留神被抓住話柄，惹出株連九族之類的滔天大禍。

清代有個知名的學者戴名世，有一天因為在竹林裡看書看得累了，順口說出既像感歎又像是詩的兩句：「清風不識字，何故亂翻書。」

其實，他的意思很簡單，只是指自己在竹蔭下看書，惱人的秋風卻不知趣地不斷把他手中的書翻來吹去。豈料，他卻因此惹下大禍，被別有居心的小人誣指他有「反清」思想，最後，戴名世被處極刑、滿門抄斬，而且還波及門生故舊，受到牽連的人眾多。

又有一個叫呂留良的讀書人，因為在生前的著述中對於滿清屠殺漢人有不滿言論，他去世幾十年之後，還有人翻出他那些發黃的著作，拿到朝廷裡去邀功請賞。

皇帝看了之後勃然大怒，喝令拿他來問罪。

屬下回答說：「這個人早已去世了。」

但是，皇帝連死人也放過他，於是下令將他「剖棺戮屍」，將呂留良的棺木從墳中挖了出來，再把他的屍骨拖出來鞭屍戮首。不僅如此，他的兒子、孫子和以前的門生……等十族也都遭到殺戮。

在中國文化大革命期間，因為隨口說了一兩句話而被整死的人也不計其數，由此可知「禍從口出」是如何可怕。

河南南陽有一個叫南菅的小村，村裡有個五十歲左右的老頭。這個老頭的工作是餵生產隊裡的豬隻。

有一次，一頭母豬下了十隻小豬，長得煞是可愛。這個老頭子不知哪根筋不對勁，竟然脫口說道：「哇，長得跟十大元帥一樣！」

那還得了，將十頭豬說成是十大元帥，這不是侮辱國家領導人嗎？

於是，有人大做文章，對老頭大肆批鬥。可憐的老頭渾身長嘴也說不清，不堪折磨之餘，某天夜晚上吊自殺了。

在那個年代，想一死了之也沒有那麼簡單。老頭人雖然裝進了棺材，可是批鬥的人還不放過，還要開現場批鬥會，還要在棺材上貼上大字報。

封建社會裡的文字獄與中國文化大革命的荒誕情事或許一去不返，但是活在現

代社會，我們還是得要愼防禍從口出。

千萬要記住自古流傳的諺語：「話到嘴邊留半句」、「逢人只說三分話，不可全交一片心」、「知人知面不知心」、「害人之心不可有，防人之心不可無」……等等。

那些「知無不言，言無不盡」的人，可能還常常以自己「心直口快」、「從來不繞彎子」自詡。作爲一般人倒也無多大妨害，但作爲領導者卻是個大忌，它足以令你前功盡棄，中箭落馬。

「心直口快」的人，就好比是三國時期的魏國大將許褚，脫光衣服上戰場，最後必然身上中滿了飛箭。

做人要藏心，做事要留心

我們眼前所見的是，全球每一個重要市場的大震盪及達爾文式的競爭淘汰，而失敗的公司或國家是沒有任何的安慰獎。

——傑克‧威爾許

07

以柔克剛，
才不會兩敗俱傷

以剛克剛，容易落得兩敗俱傷，

面對剛烈之人，更應以己之長克其之短，

而不是硬碰硬，推向玉石俱焚的危險態勢。

多說別人感興趣的話題

想要使他人喜歡你，對你產生興趣，可以嘗試談論別人感興趣的話題，即使自己根本毫無興趣。

每個人都有自己感興趣的事物或話題，在與人交流過程中，不妨主動迎合對方的興趣，積極地為他人送上一頓「美味大餐」，相信更有助於彼此建立感情、達成共識。

凡到拜訪過美國總統羅斯福的人，無不對他所表現出的廣博知識感到驚奇。

「無論對象是牧童，獵騎者，還是一位外交家，」勃萊特福寫道：「羅斯福都知道該和他談些什麼。」

你必定感到好奇，羅斯福是如何做到這一點的？

答案很簡單，接見任何一位來訪者之前，他都會了解對方的出身背景，閱讀對方可能特別感興趣的資訊，以便找到能引起雙方共鳴的合適話題。羅斯福和所有的傑出領導者一樣，懂得與人溝通的訣竅——談論別人最感興趣的事。

任教於耶魯大學的費爾普教授，早年也有過相關體驗。

「我八歲那年，有一個週末，前去探望我的姑母，並在她家小住。」費爾普在一篇關於人性的文章中寫道：「一天晚上，一個中年人來訪，與姑母寒暄之後，便將注意力投注在我身上。」

「當時，我正巧對船很感興趣，這位客人便開始與我談論與船相關的話題，我們聊得非常開心。」

「他走後，我對姑母說，他是一個多麼好的人哪！竟然跟我一樣，對船如此感興趣！想不到姑母告訴我說，那人是一位紐約的律師，其實對與船相關的知識毫無興趣。」

「我感到大惑不解，忍不住追問道，既然如此，他為什麼從頭到尾都在與我談論船的事情呢？」

「姑母告訴我，因為他是一位高尚、隨和、體貼的人，見你對船感興趣，所以刻意地談論相關話題。這麼做，不僅能夠使你開心，同時也有助於讓他更受人歡迎。」

另外還有一則相近的故事，也強調多說別人感興趣的話題。

杜佛諾是設在紐約的一家麵包公司，為了拓展生意，老闆杜佛諾先生想盡辦法，企圖將生產出的麵包賣給位在紐約的一家旅館。

為此，長達四年時間，他每星期去拜訪一次這家旅館的經理，參加這位經理所舉辦的各種交際活動，甚至頻繁地投宿於旅館內，以期得到買賣，但總是無法如願。

杜佛諾先生說：「後來，在研究人際關係之後，我決定改變過往死纏爛打的做法。

「我先要找出這個人最感興趣的是什麼，又有什麼樣的事情能引起他的關注。

「我打聽到，他是美國旅館招待員協會的會員，而且熱心於成為會長，甚至還想成為國際招待員協會的會長。不論大會在什麼國家、什麼地方召開，他都會興致

勃勃地參加。」

「第二天，遇見他以後，我主動談論起旅館招待員協會的事。他的態度立刻有了一百八十度的轉變，足足對我講了半小時，聲調裡充滿熱情。我可以清楚地感受出，這確實是他很感興趣的業餘愛好。在我離開他的辦公室以前，他勸我也加入協會。」

「這次談話，我根本沒有提到任何有關生意的事情，但幾天以後，那家旅館中的一位經理打電話給我，要我帶著貨樣及價目單去。『我不知道你對那位老先生做了些什麼事，』在電話裡，那位經理對我這麼說，『但是，他真的被你搔著癢處了！』」

「我對這人緊追了四年，若不是因為找出了他真正感興趣的東西，從正確的方向切入，恐怕我依舊一無所獲。」

如果你想要使他人喜歡你，想讓他人對你產生興趣，可以嘗試談論別人感興趣的話題。切記，即使自己根本毫無興趣，也要盡力迎合，如此將能使自己成為一個受歡迎的人。

懂得改變態度，才能站穩腳步

要因對手的不同改變應對態度，若是以不變應萬變，必會處處受挫；能應時變化才能使你在錯綜複雜的世事中立於不敗之地。

在古代傳說中，有一種叫「泥魚」的動物。

每逢大旱，池水逐漸乾涸時，其他魚類都因為去水分而喪失生命，但是泥魚卻依然悠閒自得。牠會找到一處足以容身的泥地，把整個身體都鑽進泥中不動；由於牠躲藏在泥中動也不動，處於類似休眠的狀態，可以待在泥中半年、一年之久。

等到下大雨，池塘中又積滿水時，泥魚才會從泥中鑽出來，重新活躍在池塘中，其他死去魚類的屍體就成了牠最好的食物，因而牠便能很快地繁殖，成為池塘的佔有者和統治者。

物競天擇，適者生存，由於泥魚具有強大的適應環境能力，所以成了不死的奇魚。同樣的道理，人要使自己立於不敗之地，也應該具備像泥魚這樣的適應能力，亦即要能適應外界情況的變化，適應不同對手的情況，靈活地運用恰當的方法征服對方、贏得勝利。

如果你遇上了強硬的對手，要視情況採取更強硬的態度；但如果遇上了軟弱的對手，則不要盛氣凌人，應該溫文爾雅、侃侃而談，使對方樂於接受你的意見。

《戰國策》中記載，有一次秦武王對大臣甘茂說：「楚國派來的使者多數都很善辯，他們和我爭論的時候，我經常詞窮，無法應對，對這件事該怎麼辦才好呢？」

甘茂說：「大王不要憂慮！如果那些善辯的人來了，大王就不要見他們，也不要聽他們說話；如果那些軟弱的使者來了，大王就接見他們，看他們怎麼講。軟弱的人可以利用，善辯的人不能利用，大王只要靠這個原則就可以制伏他們了。」

當然，這個原則也不是絕對的，有時為了達到某種特殊目的，不妨隱瞞自己實力，以軟弱的表現去對付強硬的對手，往往會得到意想不到的效果。

三國時期，曹操為了試探劉備的實力，某天邀劉備到府邸中談話，兩人坐在涼亭中飲酒縱談，酒酣耳熱後，曹操說：「當今天下英雄，只有你和我而已！」

劉備此時正要挾菜，聽到這話十分驚恐，深怕曹操洞穿自己的圖謀，不禁將筷子掉在地上。恰好這時突然打雷，劉備趕緊藉此掩飾自己的不安，邊撿起筷子邊說：

「古人說迅雷風烈必變，實在不假。」

劉備聞雷失箸的舉動大大寬慰了曹操的心，心想：「看來劉備並不是什麼豪傑之士，一聲雷鳴就嚇得他掉了筷子。」從此便不把他放在心上了，劉備也因此逃脫了曹操對他的監視和迫害。

這就是有名的「煮酒論英雄」，是典型以柔克剛的例子。人要能因對手的不同而改變應對的態度，若是一味地以不變應萬變，則必然會處處受挫。相反的，能應時變化才能使你在錯綜複雜的世事中遊刃有餘，立於不敗之地。

用激將法改變對方的想法

陳圓圓於生死關頭，沒有向闖王討饒示弱，而是利用他的高傲，以「冷笑」傲之，以「畏」字激之，使李自成收回賜死的成命，因此得以脫險。

面對強勁的對手，與其示弱求饒，倒不如使出激將法改變對方的想法。

明末年間，闖王李自成進北京，將吳三桂的愛妾陳圓圓捉拿到大營。

李自成目光一掃陳圓圓的芳容，不由得心中為之一動，暗自道：「果然是個天生尤物，難怪吳三桂要為她拼命！」連一旁的劉宗敏也被陳圓圓的姿色迷住了。

這種「禍水紅顏」絕對不能留，李自成下定決心後便對身邊的侍衛示意說：「把她拉出去，勒死！」

陳圓圓不等侍衛動手拉扯，自己站了起來，面向李自成，看了他一眼，微微冷

笑一聲，然後轉身就走。

然而，陳圓圓的這一看一笑，把李自成的心給勾住了。李自成大喝一聲：「回來，妳冷笑什麼？」

陳圓圓聽到後，就又跪下說：「小女子久聞大王威名，以爲是位縱橫天下、叱吒風雲的大英雄，想不到……」

「想不到什麼？」闖王問。

「想不到大王卻畏懼一個弱女子！」

「我怎麼會畏懼妳？」

「大王，小女子也出身良家，後來墮入煙花，飽嘗風塵之苦，實屬身不由己。最初被皇親田畹霸佔，後被吳總兵奪取，大王手下劉將軍又圍府將小女子搶來，皆非小女子本意。請問大王，小女子自身又有何罪過？大王仗劍起義，不是要解民於倒懸、救天下之無辜嗎？小女子乃無辜之人，大王卻要賜死，如果不是畏懼小女子，又作何解釋呢？」

李自成被陳圓圓這一席話問住了，許久不能回答。過了一陣子，他抬起手和緩

道：「妳起來說話。」

陳圓圓緊接著又陳述了殺她與不殺她的利害得失：「現在，大王如果把我這小女子殺了，對大王毫無益處，卻必定激起吳總兵更強的復仇心，吳總兵必會讓吳總兵日夜兼程，追襲不休；若是大王饒小女子一命，小女子必感念大王不殺之恩，保證讓吳總兵滯留京師，不再追襲大王……」

於是李自成被說服，沒有殺陳圓圓，並且好好款待她。

陳圓圓於生死關頭，沒有向闖王討饒示弱，而是利用他的高傲，以「冷笑」傲之，以「畏」字激之，使李自成收回賜死的成命，因此得以脫險。

做人要藏心，做事要留心

一個人若只會思索如何維持現有的成就、優點與視野，那麼，他就失去了順應潮流的能力。

——彼得・杜拉克

忍耐，是為了累積成功的資本

最懂得忍字訣的人，在不斷地累積力量、增強忍耐力和判斷力的同時，也為將來事業累積成功的資本。

宋朝文學家蘇洵曾說：「一忍可以制百辱，一靜可以制百動」，這番話告訴我們，凡事雖然應該把握時機，卻也不能貿然行動。

歷史上的成功人物者都知道，「忍」字是至高至上的修為，能忍耐的人才能伺機待時，等到有了足夠的力量與對手對抗，便能猛烈反擊，一戰而勝。

三國時期，南方部族首領孟獲領兵反蜀，製造叛亂，而蜀國則由丞相諸葛亮親自率軍前往平定，當時他便是以「忍」字訣，徹底征服孟獲。

諸葛亮聽說孟獲不但勇猛，而且在南方各部族人民中極具威望，為了長治久安，便以降服孟獲為目標，下令對孟獲只許活捉，不得傷害。

孟獲軍隊與蜀軍交鋒之時，諸葛亮命令蜀軍故意敗下陣來，孟獲憑仗人馬眾多，只顧著向前衝，卻誤中蜀軍的埋伏，因此而大敗。這是孟獲第一次被活捉，當時諸葛亮請他進入蜀軍帳內，並當場叫士兵為他鬆綁，還陪他參觀軍營，結果，並未獲得孟獲的臣服，他仍然傲慢無禮，不肯就此服輸，諸葛亮也沒多說便放他回去。

孟獲回到部落後，重整旗鼓，又一次進攻蜀軍，結果再次被諸葛亮活捉。

儘管諸葛亮繼續耐心規勸，但孟獲還是不服，而這一次，諸葛亮依然又放了他。

此後，孟獲改變了戰略進攻蜀軍，或堅守渡口，或退守山地，然而不管他如何改變，始終都被諸葛亮擒住，也一次又一次被釋放。直到第七次，孟獲被擒時，諸葛亮再次要放他回去時，孟獲卻跪了下來，還哭泣著說：「丞相七擒七縱，待我可說是仁至義盡，我打從心裡佩服，從今以後絕不再聚眾反叛。」

孟獲第七次獲釋回去之後，便極力說服各部落的人民，使南中地區重歸蜀漢，蜀國後方逐漸穩定，各部族人民也得以休養生息，安居樂業，從此，蜀國再也不必

浪費兵卒去討伐叛軍了。

以當時的現實局勢而言，蠻族反叛無常，殺了孟獲只會使情況更加惡化，因此，諸葛亮百般隱忍，終於得到最佳的回報。

最懂得忍字訣的人，會要求自己，培養剛強的毅力和堅韌的耐力，能忍人所難以忍受的事物，好讓自己能屈能伸，而在不斷地累積力量、增強忍耐力和判斷力的同時，也為將來事業累積成功的資本。

忍與不忍的區別在於，不能忍耐的人雖然可以暫時發洩眼前怨氣，卻往往無法得到最後的成功，而能忍耐的人則因為等到致勝良機，才能獲得長遠利益的回報。

做人要藏心，做事要留心

每個人都有自己相信的座右銘，我的成功座右銘就是：人不可不要臉，但臉皮一定要夠厚。

——約翰·雷

虛心接受別人的建議

想要箝制別人的想法或言論，是行不通的方法。想要封住別人的嘴巴，到頭來只會換來更多不堪入耳的流言和毒語。

在這個越來越不說實話的時代，有些人為了不得罪人，往往戴著面具說假話。

更多時候，表面上對你越曲意奉承、越恭敬有禮的人，骨子裡越可能暗藏著不可告人的目的。正因為如此，我們更應該虛心接受別人的建言。

對於別人的批評和議論，即使覺得不公允，也不必氣沖沖地反駁，應當以虛懷若谷的態度加以接受，允許別人在自己面前發表不同的意見，作為自己反省檢討的借鏡，這才是正確的為人處世之道。

春秋戰國時期，齊國有位名叫鄒忌的大臣，由於長得風流瀟灑、氣度不凡，被譽為美男子。對此，鄒忌感到相當得意。

鄒忌聽說當時城北也有位美男子，心裡經常想：「不知道誰長得比較俊美？」他的妻子、侍妾和前來拜會的人聽見他的疑惑，個個都說他比較俊美。

後來，鄒忌親自看見了那個美男子，相較之下他卻發現，自己根本不如對方，他這才知道，自己受到妻子、侍妻和拜會者的善意欺騙了。

不久，他把這件事情告訴齊王，並建議齊王要虛心納諫，接受不同人的建議和面諫，即使對方的建議讓自己難堪，也應當虛心接受。

齊王認為有理，隨即發出佈告，隨即進諫的人往來不斷，其中有許多意見皆能切中時弊，而齊王也都能接受改進。

後來，意見越提越少，齊國的政治也越來越開明，經濟發展與國力日益強盛，終於成為當時諸侯公認的強國。

春秋末年，子產也是位從不對民眾言論加以壓制的宰相，即使人們對鄭國的政

治抱著不滿或是嘲諷態度，他都能坦然接受。

當時，在鄭國各地普遍設有鄉校，那裡不只是教育人民的地方，同時也是許多對政治不滿的人發言的場所。

民眾們在那裡發洩怨言並斥責政治，有些朝中大臣聽說後，非常擔心這些人會對社會、政治帶來不良的影響，紛紛要求關閉鄉校。

然而，這時子產卻反駁說：「千萬不可以關閉鄉校，因為那是民眾在結束一天的勞動之後，唯一休息的地方，他們聚集在那評議政治其實並無不妥，他們的意見更可以作為我們施政的參考，對於讚賞有加的政策，我們便可以繼續深化實行，如果聽見批評或是建議，我們更應該加以改革。一旦我們強行壓制，也許能暫時抑止他們的言論，但是，此舉卻像堵塞河道一樣，水勢雖然一時堵住，但是，當更大的洪水滾滾而來時，必定會氾濫成災。與其如此，倒不如從平時就慢慢地疏通洪水，這不是更好嗎？」

從子產這番話，我們可以知道，想要箝制別人的想法或言論，在這個誰也不怕

誰的年代，早就已經是行不通的方法。

想要封住別人的嘴巴，到頭來只會換來更多不堪入耳的流言和毒語。

面對批評或批判，我們都應當有包容的心胸和寬容的氣度，允許人們發表不同的意見，因為，嘴巴長在別人的臉上，不是我們可以控制的。

唯一對自己有用的應對方式是，從這些話語之中找出自己看不見的問題，補強自己缺失或不足之處。

懂得以別人發出的批評、諫言作為自己的一面鏡子，也才能讓自己朝著更正確的道路前進。

做人要藏心，做事要留心

一個人越是卑鄙，他就會越固執地想要扮演高尚的角色，有些人甚至還因此成功了。

——塞涅卡

以柔克剛，才不會兩敗俱傷

以剛克剛，容易落得兩敗俱傷，面對剛烈之人，更應以己之長克其之短，而不是硬碰硬，推向玉石俱焚的危險態勢。

在社交或談判場合中，不需要太多刻意的言行表現，有時候氣定神閒、默默無言，反而會使對方摸不著頭緒，認為你高深莫測而不敢造次，老子所說的「大辯不言」，正是這個道理。

畢竟，以剛克剛，容易兩敗俱傷；以柔克剛，才是真正的技高一籌。

三國時，諸葛亮最為後人稱道的謀略，正是空城計。

當時，城中只有數百名老弱殘兵，諸葛亮只好施展心理戰術，將城門敞開，然

後帶兩名童子在城頭撫琴，司馬懿率領了十萬眾兵殺至城下，猛然看見諸葛亮神情自然，談笑風生。

如此怡然自得的模樣，令生性多疑的司馬懿心中不安，狐疑多時，最後選擇退避三舍，不敢貿貿然進攻。

就這樣，諸葛亮不費一兵一卒，以計謀嚇退了司馬懿的十萬大軍，等到司馬懿察覺上當，已經失去最佳的攻城時機，諸葛亮的援兵業已馳回。如果，當時諸葛亮選擇了硬碰硬，勢必會城破人亡，性命難保。

凡事冷靜處理，只要面對問題時，表現得愈自在愈不在乎，反而容易給人老謀深算的神秘感，讓人心生畏懼！

利用人共同的多疑猜忌的特性，來擾亂他人的判斷力，最能達到預期目標，因為表面上，我們看似沒有積極地採取行動，實際上卻使得對方在心理層面具有了一定的約束力。

所謂「四兩撥千斤」，便是一種以柔克剛的原理。

剛烈之人容易被柔和之人征服、利用，就像一塊巨石，如果落在一堆棉花上，便會被棉花輕輕鬆鬆地包覆在裡面，所以領導者應當更善於以柔克剛。

在剛強與柔軟之間，多數人仍然是吃軟不吃硬的。

以剛克剛，容易落得兩敗俱傷；以柔克剛，則較容易馬到成功。因此，面對剛烈之人，更應以己之長克其之短，而不是硬碰硬，造成雙方同時失去理智，推向玉石俱焚的危險態勢。

做人要藏心，做事要留心

對於有幸進入充滿競爭力公司的人來說，那競爭慘烈的時期卻是最興奮、最值得、最滿足的時光。

——威廉‧道菲奈

想成大器，就不要用情緒處理問題

想成大器，切莫用情緒來處理小事或紛爭，要忍人所不能忍，輕鬆地處理一些繁瑣小事，讓重要的大事能早一步得見成功！

所謂「小不忍則亂大謀」，面對不在人生計劃中的屈辱、挫折、失敗，如果不能克制住一時的衝動，很容易會讓自己做出後悔的事。

因為無法克制情緒，而讓突如其來的小事打亂自己的人生節奏，使得整個佈局大亂，無疑是件不智的舉動。

中國名將韓信是位家喻戶曉的人物，能讓他稱雄一時的原因，其實在他還未成名之前，便可窺見一二。

性情謙和柔順，且能屈能伸的韓信，某天正在街上行走，忽然，眼前出現了三

四個地痞流氓，一副趾高氣揚的模樣，還用斜睨的眼神看著視韓信。

韓信先是一驚，隨即拱手道：「各位兄台，不知有什麼指教嗎？」

其中一位撇著嘴，大笑幾聲後說道：「我們哥兒們是有點事要找你，只是不知

道你辦不辦得到？」

韓信平靜地說：「蒙各位抬愛，不知道是什麼事呢？」

看見韓信如此恭敬，那些人全部大笑起來，帶頭的那人說：「什麼抬不抬愛？

不為什麼，我們聽說你成天背著寶劍在街上閒晃，今天我們特地來見識見識，看你

到底有多大的能耐？」

韓信一聽，心想：「看來是故意要為難我的囉！」

他陪著笑說：「各位，我想是有人信口誤傳，我哪裡有什麼能耐，又怎能與你

們幾位英雄相提並論呢？」

那群人輕蔑地望著韓信，聽他如此謙卑，竟然更不讓他離開。

突然，帶頭的人將劍了抽出來，往韓信的面前一扔說：「看你還算老實，今天

我們不動手，你要是有膽識的話，就用這把劍來砍我的腦袋，要不然嘛……你就乖乖地從我的胯下鑽過去，哈哈哈……」

韓信望望地上的劍，又看了看前面仰頭而立的地痞頭頭，輕輕地皺了皺眉，而在旁邊圍觀的人這時也開始議論紛紛，還鼓譟喊叫著：「韓信，快用那把劍宰了這個狂妄的傢伙。」

然而，韓信卻咬了咬牙，緩緩彎身下去，接著便出乎眾人意料之外，從那人的胯下爬了過去。

眾人看見這個景象，無不驚愕，連那群流氓也吃驚不已，而韓信爬完後，便立即起身，拍一拍身上的塵土，便頭也不回地離開了。

俗語說得好，大丈夫能屈能伸。

試想當時，如果韓信當時火冒三丈，趁著怒氣殺死了那個流氓，接下來必定會有一場惡戰，勝負難以預料。就算韓信能夠全身而退，也難逃殺人罪名，勢必得面對官府的緝捕！

在鬥毆這種小事上獲得勝利，只會替韓信惹來其他對立或仇恨的災禍，這種表面上的勝利又有什麼意義？

所以，一個人若想成大器，切莫用情緒來處理小事或一些無謂的紛爭，要忍人所不能忍，要是能以忍讓代替對抗，便能輕鬆地處理一些繁瑣小事，讓重要的大事早一步得見成功！

做人要藏心，做事要留心

美國人想知道什麼，就會打電話去問，而歐洲人會寫一張便條。美國的主管想要傳達的是：競爭非常嚴峻。

——凱·林歐斯特

尋找化敵為友的方法

不必奉承、討好對方，也不必用爭鬥的方式來推倒對手，與其樹立更多敵人，不如尋找「化敵為友」的方法。

富蘭克林是美國歷史上非常具有影響力的人，年輕時，曾在費城開了一家小印刷廠，後來被選爲賓西法尼亞州議會的書記，這才開始了他的政治之路。

但是在某次選舉期間，有位在議會中頗具分量的議員，卻對富蘭克林發表了一篇反對演說，而且演說中把富蘭克林批評得一文不值。

遇到這樣一個強勁敵手，對年輕資淺的富蘭克林來說，無疑是件棘手的事，可是，富蘭克林只用了一個很簡單方法，就化解了他們之間的尷尬與矛盾。

富蘭克林後來在自傳中回憶說，對於這位議員的反對，他當然很不高興，可是，

這位議員是一位很有學養的紳士，在議院裡也有一定的聲譽和地位，所以，他並不會用卑鄙或阿諛的方法來討好，或企圖贏得這位議員的同情或好感，他只在事情發生之後，用一種很適當的方法來溝通而已。

富蘭克林聽說這位議員的藏書室裡有幾部很名貴的絕版書，於是他寫了封信給議員，表明自己希望有機會能閱讀這些書籍，並誠心地請求議員能借給他。

沒想到對方收到信後，立刻就把書給送來了。

一個星期之後，富蘭克林把那些書送還給議員，另外還附了一封感謝信，很誠懇地表示了自己的謝意。

在這之前，這位議員從來不和富蘭克林說話，但是自從借書之後，每當他們在議會遇見時，他便會主動地上前和富蘭克林握手、交談，並且態度非常友善，還說只要需要他幫忙，他都會義不容辭。

從此，他們不只成為了知己，彼此的友誼還一直維持下去。

富蘭克林的手法很簡單，這一步是富蘭克林從政道路上，非常重要的一次跨越。

他化解了與這位議員的衝突方式，不是迴避、討好或委屈自己，而是尋找到彌合矛盾的共同點，而這也正是富蘭克林所要給我們的啟示。

不必奉承、討好對方，也不必用爭鬥的方式來推倒對手，與其樹立更多敵人，不如尋找「化敵為友」的方法，如果你想有所成就，這就是你最佳的成功捷徑。

做人要藏心，做事要留心

歷史上，打破大眾錯誤觀念的人往往是冒險嘗試的人。這些人願意冒險去嘗試做大家認為大膽或愚蠢的事情。

——丹尼爾·布爾史坦

千萬不要和小人結仇

陰狠歹毒的小人，現實生活中到處都是，

常常因為你不知不覺間得罪了他們而懷恨在心，

伺機興風作浪將你吞噬。

強調他人錯誤,對自己沒有好處

有句話說得好:打人莫打臉,傷人莫傷心。做任何事情都有一定的限度,與人交往,切記替對方保全顏面,留個「台階」。

社交活動中,適時爲陷入尷尬境地的人提供一個恰當的「台階」,使他免丟面子,是一種高明的交際手腕。

這不僅能使你獲得對方的好感,更有助於樹立良好的社交形象,對日後行事大有好處。

或許你會問,爲什麼有必要在公開社交場合特別注意爲人留面子,給人留「台階」下呢?

這是因為在社交場合，每個人都被展現在眾人面前，因此格外注重自身形象的塑造，會比平時抱著更為強烈的自尊心和虛榮心。

這種心態支配下，人們會因你使他下不了台，產生比平時更為嚴重的反感，甚至與你結下終生怨恨。

同理，他也會因你提供了「台階」，使他保住了面子、維護了自尊心，而對你更為感激，產生更強烈的好感。

這兩種心態的產生，對於彼此日後的交往互動，會產生極為深遠的影響，卻恰恰為不少人所忽略。

下列幾種錯誤行為，將可能陷他人於難堪的境地，必須避免：

- 揭露對方的錯處或隱私

誰都不願自己的錯處或隱私在大眾面前曝光，一旦被「公諸於世」，必定會感到難堪惱怒。

在交際中，如果不是為了某種特殊需要，一般來說，應儘量避免觸及對方所忌

諱的敏感區，避免使人當眾出醜。真有必要，可委婉地暗示，製造一點心理壓力即可，但不可過分，一切「點到為止」。

某知名大飯店裡，一位外賓吃完最後一道茶點後，竟順手把精美的景泰藍筷子悄悄「插入」西裝口袋裡。

服務小姐見狀，笑容滿面地迎上前去，雙手捧著裝有一雙景泰藍筷的緞面小盒子，外賓說：「我發現先生在用餐時，對景泰藍筷頗有愛不釋手之意。非常感謝您對這種精細工藝品的賞識，現在，我代表本店，將這雙圖案最為精美、細緻，並且經嚴格消毒處理的景泰藍筷奉上，並按照『最優惠價格』記價，您看好嗎？」

那位外賓也是聰明人，當然明白這段話的弦外之音，聰明地抓住了餐廳給予的「台階」，表示謝意之後，推說自己多喝了兩杯，頭腦有點發暈，誤將筷子插入口袋裡，實在不好意思，避過了尷尬局面。

● 張揚對方的失誤

誰都可能犯下不小心的失誤，比如念了錯別字、講了外行話、記錯了對方的姓

名職務、禮節失當等等。

發現他人出現這類情況時，只要無關大局，就不必大加張揚，故意搞得人人皆知，使本來已被忽視了的小過失，一下子變得極為顯眼。

他人出醜時，最忌諱抱著譏諷的態度，以為抓住了難得的「笑柄」，小題大做，拿人家的失誤在眾人面前取樂。

這麼做，或許可以逞一時之快，但是後患無窮，不僅使對方感到難堪，傷害他的自尊心，使他對你反感或報復，更不利於你自己的社交形象。別人會覺得你為人刻薄，並下意識地在今後的交往中對你敬而遠之，產生戒心，無論怎麼看，都相當不划算。

• 讓對方敗得太慘

社交過程中，常會參與一些帶有比賽性、競爭性的活動，比如棋類比賽、乒乓球賽、羽毛球賽等。儘管這些活動本身的目的在連絡感情，但參與者還是會希望獲得勝利，此乃人之常情。

有經驗的聰明人，在自知實力絕對能取勝的情況下，往往會「留一手」，刻意不使對手敗得太慘、太狼狽，做到既不妨礙自己取得最終勝利，又不使對手輸得太沒面子。

與人相處正像下一盤象棋，只有閱歷不深的初生之犢，才會一口氣贏個七、八盤，對弈者已漲紅了臉、抬不起頭，他還在一個勁地大喊「將軍」。

有句話說得好：打人莫打臉，傷人莫傷心。做任何事情都有一定的限度，一旦傷了人心，就有可能讓你失掉好人緣，成為舉目無親的孤家寡人。

與人交往，切記替對方保全顏面，留個「台階」。

「不念舊惡」才能獲得更多

身為一個領導者，一定要嚴以律己，寬以待人，以更寬闊的胸襟寬恕別人的過錯，如果你老是計較「一箭之仇」，只會淪為平庸之輩，很難有所作為。

二十一世紀的商業市場，是一個複雜多變的戰場，每天都進行著激烈的廝殺。

在瞬息萬變的競爭中，每個人都無可避免地必須面對比過去更劇烈的環境變遷，以及競爭對手的無情挑戰。

想在殺戮戰場中獲勝，深諳權謀的人除了殫精竭慮活用本身的智慧，還會不念舊惡，設法把昔日的敵人變成未來的助力，將更多優秀人才聚集到自己身邊，幫自己出謀劃策、分憂解勞。

春秋時期的大政治家管仲尚未發跡之前，曾經和他的好朋友鮑叔牙一起前往齊國謀求政治前途。到了齊國，鮑叔牙投靠齊襄公的弟弟公子小白，而管仲則投靠齊襄公的另一位弟弟公子糾。

齊襄公荒淫無道，公子小白和公子糾都生怕齊國發生內亂，自己無端受到牽連，於是小白便由鮑叔牙侍奉逃往莒國，公子糾則由管仲和召忽侍奉逃往魯國。

不久，齊國果然爆發嚴重內亂，齊襄公被殺身亡。消息傳出後，公子糾和公子小白都想搶先趕回到齊國登基為王。公子糾為了達到目的，派管仲帶兵攔殺小白，管仲發箭射中小白的帶鉤，小白假裝被射死，反而搶先回到了齊國，被臣僚擁立為國君，就是後來赫赫有名的齊桓公。

魯國這時也派兵送公子糾回國繼位，齊桓公於是發兵打敗魯國，並逼迫魯國殺了公子糾，管仲被囚送往齊國。齊桓公原本想要殺掉管仲，以報一箭之仇，但是鮑叔牙極力舉薦管仲的才能，並且對齊桓公說：「管仲的治國能力遠遠超過我，我在許多方面都不如他。齊國要想強大起來，棄管仲而不用是不智之舉。」

鮑叔牙還說：「管仲之所以要殺你，只是忠於自己的上司而已。他能夠如此忠

心於自己的上司，一定可以再忠心於你。如果能重用管仲，齊國一定能夠強盛起來。

希望你切莫錯過了這個奇才。」

於是，齊桓公親自將管仲從囚車中釋放出來，促膝長談竟達三日三夜，大有相

見恨晚之憾。隨即，齊桓公拜管仲為相，將治國的重責大任交給了他。

管仲的確有治國才能，經過幾年努力，終於輔佐齊桓公成就了空前霸業，使他

成為「春秋五霸」中第一位會盟諸侯的霸主。

身為一個領導者，一定要嚴以律己，寬以待人，以更寬闊的胸襟寬恕別人的過

錯，如果你老是計較「一箭之仇」，只會淪為平庸之輩，很難有所作為。

西漢衰亡之後，外戚王莽建立了一個新政權──新朝。新朝年間，天下大亂，

群雄競相逐鹿，屬於漢室後裔的劉秀也起兵漢水一帶。當時局勢混亂，勝敗難以逆

料，劉秀的部下當中有人寫了密函，想要投靠其他角逐者。

不料，劉秀最後壓倒群雄，即位為漢光武帝，並且從敵方陣營搜獲了幾千封這

樣的密函。劉秀不但沒有拿這些信函作證據一一追查，誅殺這些吃裡扒外的內奸，

反而下令全部燒毀。這個舉動消除了部屬的疑慮和恐懼，增強了新政權的安定團結。

那些「反臣賊子」們更是暗中感激涕零，誓死將功贖罪，報答不殺之恩。

《聖經》裡面有一句話頗能給我們一些啟發：「如果有人打你的左臉，那麼，你就將右臉伸過去讓他打。」

這句話不僅僅教人要有忍辱負重的涵養，更積極的意義是：想成就大事，一定要有「不念舊惡」的氣度。

「不念舊惡」才能獲得更多。齊桓公和劉秀就是最好的典範，如果他們一味計較舊日的恩怨和部屬吃裡扒外的行徑，就不可能開創曠世的功業。

做人要藏心，做事要留心

證據顯示，當人類面對不確定性時，所有的決定和選擇，都只是在重複非理性、不一致性及無能而已。

——柏恩斯坦

千萬不要和小人結仇

陰狠歹毒的小人，現實生活中到處都是，常常因為你不知不覺間得罪了他們而懷恨在心，伺機興風作浪將你吞噬。

人性是醜陋的，而且越卑鄙的人，就越會暗中陷害他人。遇到奸惡寫在臉上的小人，最好敬而遠之，千萬不要和他們結仇。

唐德宗時期的宰相盧杞是個奸詐陰險的小人。他的祖父是唐玄宗時期的丞相盧懷慎，以忠正廉潔著稱，從不以權謀私，深受朝野敬重，他的父親盧奕也是一位忠烈之士。

盧杞平時一副生活簡樸的模樣，穿著很樸素，飲食也不講究，人們都以為他頗

有祖風。

但是，盧杞善於揣摩人意，工於心計，而且言行十分恭謹，容易取得別人的信任，正應了「大奸似忠」這句話。盧杞靠著左右逢源的本領，很快就由一個普通官員爬上了丞相的寶座。盧杞當上丞相之後，與其他奸臣一樣，當務之急就是鞏固自己的權位，想盡辦法打擊異己。

當時，與盧杞同朝為相的楊炎，是個有名的理財能手。他提出的著名「兩稅法」在中國賦稅史上具有里程碑的意義，也適時緩解了當時中央政府的財政困難。史學家曾評論說：「後來言財利者，皆莫能及之」。

楊炎長得上一表人才，而且博學多識，頗有政才。

然而，他雖有宰相之才，卻無宰相應有的智慧，尤其是在處理同僚關係上，經常恃才傲物，目中無人，嫉惡如仇。對盧杞這樣的小人，他既不放在眼裡，也缺乏一個政治家應有的圓融和世故。

唐朝有個制度，就是幾位丞相每天要在政事堂一起同餐一次，叫做會食。楊炎因為瞧不起盧杞，多次藉故推辭。每次上朝後都推說自己身體不好，獨自到別處休

息，不願與盧杞一起共商國事。

如此一來，盧杞對楊炎更是忌恨有加，欲除之而後快，從此二人積怨越來越深。

盧杞深知不但不是科班出身，而且相貌醜陋，不是楊炎的對手，所以只能極盡阿諛奉承之能事，並逐漸取得了唐德宗的信任。

不久，機會終於來到了。

節度使梁崇義背叛朝廷，拒不受命，唐德宗便命淮西節度使李希烈帶兵討伐。

然而，楊炎不同意重用李希烈，認為此人反覆無常，因此極力諫阻。唐德宗聽了甚是不高興。

李希烈最後還是受命掌握兵權，討伐梁崇義。但當他掌握兵權之後，正好碰上連日陰雨，行軍速度遲緩。

唐德宗是個急性子，就命人傳盧杞上朝商議。盧杞見機會已到，順勢向皇上進言說道：「李希烈之所以徘徊拖延，只要是因為楊炎掌權，心有疑慮。皇上又何必為一個楊炎而耽誤了大事呢？不如暫時免去楊炎的丞相職位，使李希烈不再心有顧忌，如此一來，他就會竭盡全力為朝廷效力了。事情過後再起用楊炎，相信楊炎會

體諒皇上的苦衷。」

唐德宗竟認爲盧杞的話有理，聽信了他的話，免去了楊炎的的丞相之職。就這樣，楊炎因爲不願與小人同桌就餐，而莫名其妙地丢掉了相位。但是，事情至此尚不能消解盧杞心中的怨恨。

不久，盧杞又進讒言，害死了被貶的楊炎。

盧杞向唐德宗上奏，詭稱楊炎建家廟的地點，正是開元年間宰相蕭嵩準備立廟的地方，當年因爲玄宗皇帝曾到此巡遊，看到該處王氣很盛，就讓蕭嵩將家廟改建到別的地方了。如今楊炎又在此處修建家廟，必是居心叵測，想要謀反。

盧杞聲稱，近日來，長安城內到處謠言四起，說：「因爲此處有帝王之氣，所以楊炎要據爲己有，這必定是有當帝王的野心，再明白不過了。」

昏庸的唐德宗聽後，也不問眞假，便勃然大怒下令縊殺楊炎。就這樣，盧杞借皇上之手，幹掉了自己的一個強敵。

像盧杞這樣陰狠歹毒的小人，現實生活中到處都是，常常因爲你不知不覺間得

罪了他們而懷恨在心，伺機興風作浪將你吞噬。作為一個聰明人，應時時提防這類小人暗中破壞做亂，否則你不僅做不好工作，自己的前途也可能毀在他們的手中。

「不與小人結仇」，這是每個人都不能不記取的警世之言，除非你甘願讓自己的前途佈滿坎坷！

做人要藏心，做事要留心

在生命中沒有任何一個年齡或時間，也沒有任何立場或情況，能讓人永遠維持成功。任何年齡都是朝成功努力的開始。

——傑洛大主教

對付小人要懂得「裝腔作勢」

「絕活」有助於樹立自己的威信。從理論上來看，一個人身懷絕技，又懂得適時運用的人，才是最聰明睿智的。

有的人認為，只要踏踏實實地做事，老老實實做好自己的分內工作就夠了。

殊不知，這種厚道的想法只會使別人將你看成無能的人。

心理學家告訴我們，在很多時候，位居領導地位的人，威信往往是經由「旁門左道」而樹立起來的。記住，唯有讓你的屬下對你又敬又畏，你才能順利指揮他們，把他們當成向上躍昇的跳板。

老王在某家上市公司擔任副總經理職務。有一次，他對朋友大發牢騷說，替他

開車的司機小李，常常藉口說車子這裡有毛病、那裡有毛病，經常找各種理由把車

開去修理保養，每回都拿一疊帳單要他簽字報銷。

他明知其中有蹊蹺，可又苦於不懂機械，抓不住把柄；而且又不能將他解雇，

因為小李是他上司的小舅子。

這位朋友就告訴老王說，這種事其實很好解決，只要略施小計就可以一勞永逸。

於是，老王就照著朋友告訴他的主意去做。第二天，他悄悄地將一塊小石頭塞

進汽車發動機的縫隙中。小李將車發動開出不久，老王隨即皺了皺眉頭說：「小李，

你停車下去檢查看看，發動機的聲音好像有點不太正常。」

小李仔細一聽，車子行進間確實有細微的異聲，於是下車查看。小李費了一番

功夫才發現發動機裡有一塊小石頭，連忙對老王說：「唉呀，原來是一塊小石子夾

在發動機的縫裡，我真不小心。」

老王輕描淡寫地說：「以後小心點就是了。」

後來，老王對這位朋友說，這一招真是靈驗，小李以為他對車子的零件和運動

原理瞭如指掌，甚至連他察覺不了的細微毛病都知道，從此以後再也沒聽小李說要

修車了。

當然，這個例子可能不太貼切，因為故事中的老王只是「裝腔作勢」，其實他根本不懂機械。不過，這個故事告訴我們——略施小計就能發揮如此功效，那麼，擁有一手絕活，豈不就更能確立你的權威！

因此，你必須記住，「絕活」有助於樹立自己的威信。從理論上來看，一個人身懷絕技，又懂得適時運用的人，才是最聰明睿智的，縱使這種絕活與你所從事的職業並不一定有所關連。

做人要藏心，做事要留心

你去爭辯問題、抗拒問題，可能會耗更多時間與精力，倒不如採取積極態度去解決問題。一旦把問題解決，你會很興奮滿足。

——李奧・貝納

活用自己的絕技壓倒小人

人必須苦心練就一兩手「絕活」，有時它會成為一種很有殺傷力的防禦武器和攻擊武器。

日常生活中不時出現這種場景，有的人下棋互不相讓，到最後惱羞成怒，彼此惡言相向。很多人不禁感到納悶：不過是下盤棋罷了，為什麼要把場面搞得這麼僵？

其實，問題就出在這是一種深層的心理反應。

贏家可能在潛意識中認為自己的智力勝過對方，因而表現出目空一切的態度。

至於輸家則認為自己遭到挫敗，無疑暴露了自己的心理和智力弱點，因而感到自己的人格在某種程度上受到對手戕害，靈魂有種被撕裂的感覺。

因此，人必須苦心練就一兩手「絕活」，有時它會成為一種很有殺傷力的防禦

武器和攻擊武器。

小趙是某黨的工作會主委，以牌技爐火純青聞名。

曾經有朋友問他，為何要花那麼多的時間和精力去鑽研牌技。他神秘兮兮地回答說：「這你就不懂了，你看我好像是在研究牌技，其實，我研究的是對付小人的方法。」

每當有部屬故意扯後腿，或者別人做了不利於自己的事，他都會找適當的藉口約他們打牌。而且，牌局結束時，他都會從容自若地將牌桌上發生過的事，一五一十地指出來。

他能說出在第幾輪誰出什麼牌，這張牌對以後牌局產生什麼影響。聽者訝異之餘，往往倒抽一口涼氣：「他居然有如此驚人的記憶力，那我所做的一些見不得人的事，他不就記得一清二楚！」

小趙不無得意地對朋友說：「這就是武器，就是撒手鐧。可以挫挫小人的銳氣，助長自己的氣焰。」

「你看我好像是在研究牌技，其實，我研究的是對付小人的方法。」小趙的這番話確實發人省思。

如果我們都能從這個角度，來看待自己所擁有的「絕活」，我們所受益的，可能要比我們想像的要多得多。

因為，這些「絕活」就是建立威信、鎮服小人的最佳武器。

威信就好比是七彩的陽光，它會使你的世界變得寬敞、明亮。

如果它變得暗淡的時候，你連同你的世界都將變得虛無……

做人要藏心，做事要留心

如果你為失敗經驗所付出的代價，不能使你換得成功和更高的報酬，那麼，你就徹底失敗了。

——格蘭森

忘恩負義會使你眾叛親離

「好寒鳥」的寓言雖然大家都知道，但是，在實際生活中，還是有一些領導者犯下自大愚蠢的錯誤，最後落得眾叛親離，甚至被轟下台。

人性其實很簡單，你付出什麼，就會得到什麼。將「人性」複雜化，或貼上負面標籤，或者戴著有色的眼鏡去看「人性」，只會讓你得出負面的分析結果，替自己的工作和生活帶來一些不良影響。

很久很久以前，有一隻「好寒鳥」身上的羽毛掉光了。時值隆冬，她被嚴寒的天氣凍得直打哆嗦，其他的鳥兒見她十分可憐，惻隱之心不禁油然而生，紛紛前來幫助她。

每一隻小鳥都從自己的身上拔下一根羽毛送給她，不久之後，「好寒鳥」身上裝滿了五顏六色的羽毛，變得十分光鮮艷麗。

可是，「好寒鳥」並不心存感激，反而越來越驕傲起來，甚至開始瞧不起其他的鳥類，認為自己是世界上最漂亮的小鳥。

大家對「好寒鳥」忘恩負義的行徑氣憤至極，於是大家商議之後，決定把自己送給「好寒鳥」的羽毛要回來。結果，「好寒鳥」又恢復一無所有的模樣，瑟縮在寒風裡打顫發抖，最後終於被寒風凍死在荒野。

「好寒鳥」的故事告誡我們，領導人在處理人際關係的時候，一定要時時刻刻記住「水可載舟，也可覆舟」的道理。

因為，你的下屬可以是你獲得績效的力量來源，也可以是推翻你的直接動力。

「好寒鳥」的寓言雖然大家都知道，但是，在實際生活中，還是有一些領導者好的不學，偏偏要學「好寒鳥」的行徑，犯下自大愚蠢的錯誤，最後落得眾叛親離，甚至被轟下台。

領導者在處理自己與下屬的人際關係時,一定要妥善運用眾人的力量,讓所有的人團結在自己領導下,發揮團隊合作的精神。

我們不妨來看看加拿大雁的例子。加拿大雁深知分工合作的價值,經常以「V」字隊形飛行,而且「V」字的一邊總是比另外一邊長一些。加拿大雁定期變更領導者,即領頭雁,因為帶頭的加拿大雁在前頭開路,能幫助左右兩邊的雁造成局部的真空,這是一件艱苦的任務,因此必須輪流更替。

科學家曾在風洞試驗中發現,成群的加拿大雁以「V」字形飛行,比一隻單獨飛行可以多飛二十％的距離。

人類其實也是一樣的,領導者只要能跟下屬通力合作,往往能飛得更高更遠。

做人要藏心,做事要留心

現代人很有趣,雖然有些人樂觀進取,有創意和智謀,但我認為它代表的是大部分人的心智退化,很容易就被騙、被說服。

——康拉德

合作可以讓你走得更久

喬治馬修‧阿丹曾說：「幫助別人往上爬的人，會爬得最高。」如果你能幫助其他人獲得他想要的東西，你也會得到你想要的東西。

日本作家大久光曾經提出一個有趣的比喻：「協調關係是糖，對立關係是鹽。

單單是糖太過甜膩，適度地加點鹽，人際關係才會變得更協調。」

在現代社會中，人際關係就猶如空氣一般，誰也脫離不開這張巨網，但是，光靠廣泛的交際，無法建立良好的人際關係，你必須用心瞭解誰才是值得你用心交往的對象，然後加糖加鹽，讓彼此的關係更緊密。

哈特瑞爾‧威爾森是一位國際知名的演說家，說話生動幽默。有一回，他在演

說時曾提及自己小時候發生的一件趣事。

小時候，哈特瑞爾‧威爾森住在東德克薩斯州的某個小鎮，有一次，他跟其他兩個小孩在一段廢棄的鐵軌上面邊走邊頑。

另外兩個小孩子，一個身材瘦小，另一個則是個胖子，他們三個人相互競爭，看誰能在鐵軌上走得最遠。

哈特瑞爾跟那個較瘦的男孩走了幾步就跌了下來，較胖的那個卻走得很遠。

最後，在好奇心的驅使下，哈特瑞爾便問那位胖男孩：「你為什麼可以走那麼遠，到底有什麼秘訣？」

那位胖男孩搔搔頭回答說，哈特瑞爾跟那位瘦孩走在鐵軌時，只顧著看自己的腳，所以很快跌了下來。

然後他又解釋，因為他太胖了，所以看不到自己的腳，只能選擇鐵軌上遠處的一個目標，並朝這個目標走去，當接近目標時，再選擇另一個目標，然後不斷地走向新的目標。

這個小故事乍聽之下，似乎是在勉勵我們，不管做什麼事情，只要設定目標，

小心翼翼地朝這個目標前進，便能順利抵達終點。

其實，這個故事的另外一個要點是說明合作的可貴，如果哈特瑞爾跟他的朋友能夠在兩條鐵軌上手把手地一起走，他們不但可以走得比那個胖子遠，而且能不停地走下去，而不至於跌下來。

喬治馬修‧阿丹曾說：「幫助別人往上爬的人，會爬得最高。」

如果你能幫助其他人獲得他想要的東西，你也會得到你想要的東西。而且這種關係是成正比的，你幫助得越多，得到的就越多。

西班牙作家格拉西安曾經這麼說：「聰明人從小人那裡，比傻瓜從朋友那兒能獲得更多的好處。」

其實，聰明的小人比無知的朋友更具價值，因此，你必須將今天還是敵人的小人，當成明天的朋友來看待。

正視別人渴望獲得尊重的心理

一個高明的領導者必須淡化自己的權勢慾望,正視一般人渴望獲得尊重和賞識的心理,如此一來,才能激起下屬的感遇之心,心甘情願赴湯蹈火。

要想在社會關係中如魚得水、左右逢源,光講究「八面玲瓏」是遠遠不夠的,因為八面玲瓏只意味著圓滑、鄉願,連誠心誠意的境界都未達到。

自己若是缺乏誠心、沒有誠意,就不可能從別人那裡得到任何情誼,只能偶爾占點小便宜,但時日一久之後,你就露出小人的廬山真面目。最後,變得人人躲你,人人怕你,對你「敬鬼神而遠之」。

人情和人際關係的「資源」一旦耗盡,你就變成一條擱淺的巨鯊了,等著被水鷹和食腐動物吃掉。因此,想要獲得別人善意的回應,與人交往之時,應該要強調

「誠心誠意」。

我們都知道劉備三顧茅廬，請諸葛亮下山為自己效命的故事。

當時的劉備有如喪家之犬，四處流亡依附別人，連自己的地盤都沒有著落，可以說是身處危亡之境。但是，他卻有禮賢下士的優點，只要誰有真才實學，或具有某方面的特長，他都會不辭勞苦，親自登門拜訪，把對方奉若上賓。所以，他能找到像關羽、張飛這樣流傳古今的猛將，並以兄弟相稱，結為生死之交。

後來，他到了南陽，聽說諸葛孔明高風亮節，有經天緯地之才，並能運籌帷幄，決勝於千里之外。於是，劉備兄弟三人，一同前去諸葛孔明所居住的地方隆中草堂拜訪，試圖請出這個曠世奇才共謀大計，共創霸業。

可是，身懷奇才的諸葛亮不願輕易許諾，為了考驗劉備的誠意和決心，他故意迴避了兩次，使得隨行的關羽和張飛兩人氣得大發雷霆。但是，劉備卻仍堅持以誠相待、以誠感人，三顧茅廬之後，終於請出諸葛亮。

最後一次，天空下起了鴻毛大雪，諸葛亮在草堂裡酣睡，劉備等三人靜靜在門

外等候。諸葛亮深感劉備誠意十足，最後終於答應輔佐蜀漢，「受任於敗軍之際，奉命於危難之中」，從而為劉備鞠躬盡瘁，死而後已，成為禮賢下士、以誠待人的一段千古佳話。

魅力型領導者懂得如何吸引別人，激起他人追隨的慾望。他們各有各的招式，每一招每一式，都蘊藏著神奇的魔力，引誘、迫使追隨者為他們效力賣命。

許多歷史的典故都告訴我們，身居高位的領導人，若能放下身段，做到禮賢下士，賢能之士就會拋頭顱、灑熱血地回報知遇之恩。箇中緣由只在於，人人都有一顆自尊心，人人都渴望獲得別人的尊重與賞識。

相反的，如果領導人一味以手中的權力對別人呼來喚去，或是進行要脅逼迫，就會讓人敬而遠之。

正因為如此，一個高明的領導者必須淡化自己的權勢慾望，正視一般人渴望獲得尊重和賞識的心理，如此一來，才能激起下屬的感遇之心，心甘情願赴湯蹈火。

臉皮越厚，
招數越多

對手的個性、技巧不同，

自己也將受到對手用盡一切卑劣招數來進行輪番轟炸。

所以，臉皮越厚，瞭解的招數越多，

越有可能在談判中佔優勢，減少失敗的次數。

給人下台階，交往更和諧

人際交流互動過程中，遇到令人尷尬的場面時，別忘了主動釋出善意，為別人留個「台階」。

我們不但要儘量避免因自己的不慎，造成別人下不了台，更要學會在對方可能不好下台時，巧妙且及時地提供一個「台階」。

不過，這個「台階」該如何給，是一門不好拿捏的學問。

若是不懂技巧，很可能會由於方法不當、過於刻意，反而使對方更感尷尬，造成更大傷害。

以下，提供必須注意的幾點：

● 不露聲色

既能使當事者體面地全身而退，又儘量不使在場的旁人覺察，這才是最巧妙的「台階」。

一位客人在飯店請客，邀了十個人，卻只要三瓶酒。

一般情況下，應該會開五瓶酒才對，飯店女服務員相當有經驗，立刻由此看出請客者的手頭並不太寬裕。

為了維護客人的面子，不使他感到難堪，她決定不露聲色地親自替這一桌客人斟酒，控制速度。五道菜後，客人們的酒杯裡的酒還滿著。請客的人不僅放下了心中的大石頭，臉上更感光彩，深深感激服務員為自己圓了場，臨走時誠摯地表示以後還會再來這裡。

試想當時的狀況，服務員想讓這位客人「出洋相」是非常容易的事情，但那樣必定會失去一位主顧，沒有任何好處。

善於交際的人，往往會不動聲色地幫助對方擺脫窘境，不知不覺間深化彼此的情誼，為以後的長遠發展鋪路。

● 運用幽默語言

幽默是人際交往最有效的潤滑劑，一句幽默語言，能使雙方在笑聲中相互諒解，並感到愉悅。

作家馮驥才在美國居住時，一位朋友帶著兒子到公寓去看他。

想不到他們談話間，那個壯得像牛犢的孩子，竟然爬上馮驥才的床，自顧自地在上面蹦跳起來。

如果直接了當地把孩子拉下床來，勢必會使父親產生歉意和不悅，也顯得自己不夠熱情、不夠度量，於是，馮驥才說了一句幽默的話：「請你的兒子回到地球上來吧！」

那位朋友立刻說：「好，我和他商量商量。」

巧妙運用幽默，結果自然是既達到了目的，又顯得風趣。

● 盡可能地為對方挽回面子

當遇到使對方陷入尷尬境地的意外，你在提供一個「台階」的同時，如果還能採取某些妥善措施，及時地爲對方面子上再增添一些光彩，該是最好不過的事情了。

你希望與人爲善，左右逢源嗎？

那麼，人際交流互動過程中，遇到令人尷尬的場面時，別忘了主動釋出善意，爲別人留個「台階」。

要面子，也要顧銀子

不管是商業利益或人際關係，談判或折衝都是我們經常遇到的課題，必須設法讓自己既贏了面子，也贏了銀子。

許多商場老狐狸進行談判前的縝密計劃，往往令人驚訝。

他們對於重要生意的談判，事先進行多次演練是常有的事，對於在談判中可能出現的每個細節問題，也都做了充分準備。

這種方式使他們增強了應變實力，也增加了折衝優勢，即使說謊也得臉不紅、氣不喘，因而成為談判桌上的大贏家。

已是萬家燈火的時候，某家車床公司的總經理還在辦公室裡與他的夫人爭論得

面紅耳赤：「我按合約規定，在上月十八日將兩台車床運送到貴公司。貴公司爲何不將首批貨款於當月三十日匯出？」

他的夫人振振有詞地反擊說道：「因爲，我們在三十日以前，並沒有收到貴公司送來的車床。」

「那不是我們的責任。我們按合約如期送出，有憑據可查。」

「可是，貴公司爲何不以急件處理呢？」

總經理的火氣更大了，「合約上並沒有要求這一項呀！」

然而，他的夫人卻露出冷笑，一副狡猾的模樣，平靜地規勸：「你的聲音這麼大，你是想以聲勢壓人嗎？要知道，有理的人說話不必大聲。」

知道內情的人，對此莫不發出會心的微笑。

原來，總經理不久要和理亞金屬加工公司進行談判，今晚特地請他的夫人扮演理亞公司總裁，以模擬談判過程。

談判是利益的較量，也是辯才和臉皮厚薄的較量。

談判日期訂立後，事前應該透過不斷演練，來檢驗談判內容的周密程度，以求修正和改善自己臉薄心軟的缺點。

談判者預先進行角色扮演時，可用不同的人充當對手：有的急躁粗暴、有的道貌岸然、有的不拘小節、有的吹毛求疵……儘量將對方可能提出的尖酸刻薄問題，和反駁的理由設想出來，預測談判的可能結果，進而對預期目標重新評估。如此，就可以在演練中發現談判計劃的疏漏和一些不符實際的弊端。

另外，談判者的穿著言行也是很講究，絕非等閒小事。如同夫人指責總裁的怒氣一樣，談判者要有面厚心黑的修養，不可以用不尊重對方的語氣說話，否則只會贏了面子，而輸了裡子，甚至丟了銀子。

此外，談判者代表企業，影響企業形象甚大，所以，談判代表的服裝配飾必須煞費苦心。

傳聞松下電器公司的總裁松下幸之助，原來是個不修邊幅的人，頭髮蓬亂，衣衫縐舊，皮鞋也不常擦，活似個邋遢老頭，而不像赫赫有名的大總裁模樣。

有一次他去理髮廳理髮，當理髮師得知他就是大名鼎鼎的松下總裁時，驚訝之

餘，嚴肅地批評道：「你這樣不注意自己的外表怎麼行呢？別人會從你的身上聯想

到公司的形象，總裁的外表這樣邋遢，別人對公司的印象會好嗎？」

松下幸之助悟出其中真諦，於是來個全身上下徹底的改觀，服裝整齊，皮鞋閃

亮，頭髮油光，給人一種肅然起敬的威懾力量，而在商業折衝過程無往不利。

由此可見，營造自己的形象，也是談判過程中不可忽略的重要環節。

不管是商業利益或人際關係，談判或折衝都是我們經常遇到的課題，必須設法

讓自己既贏了面子，也贏了銀子。

做人要藏心，做事要留心

如果我們未曾嘗試改變一些事情，我們就會成為自己失敗的幫兇。我們沒有

一個人可以逃得了失敗所產生的壓力。

——馬克・麥考梅克

互招喉嚨不是最好的方式

化解互招喉嚨的敵對戰略，是雙方的共同職責，選擇化解策略的關鍵在於，是否真正想維護自己的利益。

日本作家桐田尚作曾經寫道：「要建立良好的人際關係，要先多瞭解每一個人所秉持的主觀信條和所屬環境，如此才能切入他的思想領域，和他進行更密切的溝通和良好的互動。」

談判中採取嚴格的敵對式戰略，強調己方利益，而不顧及對方死活，只想著做成一筆最佳交易，那麼結果也許是什麼也得不到。

因為，如果這種「最佳」是建立在損害對方利益基礎上的話，對方絕不會做出任何善意回應的。

誰都不會去談判桌上做公益事業，只有共同解決難題、雙方有利可圖的戰略，才是最佳考量。

人走進談判室的時候，雙方都會把對方設想成對立的一方，心裡必定帶著若干敵意。這其實並無多大害處。有害的是，不能採取共同解決難題的合作戰略，就會在談判過程中，表現出充滿敵意的言行來。

談判中注重保護自己的利益，並不意味著不去消除達成協議的障礙，因為排除障礙關係到協議的達成，以及成交後為己方帶來的利益。

化解互掐喉嚨的敵對戰略，是雙方的共同職責，選擇化解策略的關鍵在於，是否真正想維護自己的利益。

法國西斯廣告公司拍攝了一部廣告，合約上載明必須付給廣告主角珍妮現金五十萬法郎。廣告推出之後很受歡迎，珍妮的知名度因此大幅提高，成為眾所矚目的廣告明星。

到了付片酬時，公司希望以不動產來抵付，因為公司把資金投入其他業務。可是，珍妮表示要現金，不接受不動產。

「我這是按照合約合理要求，你們應該以現金支付才對。」珍妮生氣地指著合約據理力爭。

珍妮沒有退讓的餘地，西斯公司也籌不出現金來。這件事情只有用法律來解決。

問題是，如果採用法律途徑，廣告公司和珍妮必須在法庭上耗費巨大精力，律師費也是昂貴得驚人。

然而，珍妮因為成了家喻戶曉的廣告明星，片約如雪片般飛來，根本沒有時間和精力耗費在法庭上。再者，即使她贏了官司，廣告公司還是拿不出錢來，贏也是白贏，得不償失。何況，一場官司鬧劇，無可避免地會損害珍妮和西斯公司的聲譽，也會破壞雙方的形象。

珍妮不想走法律途徑解決爭端。她深深意識到：「雙方所處環境不同，各有各的目標，各有各的要求，應該冷靜下來為對方考慮一下。」

若是雙方在相互信任的基礎上為對方著想，化解僵局，促成片酬問題的圓滿解

決，對雙方都有利。

在這種情況下，陷入僵局的談判於是有了起死回生的轉機。

最後，珍妮想出了一個折衷的辦法：西斯公司每年以連本帶利的方式分期付款，在三年內付清款項。

這樣一來，她等於把五十萬法郎的酬金存入銀行生利息，因為她不急著用錢，酬金到手也是存放在銀行。

西斯公司只是一時資金周轉不靈，珍妮的折衷方法幫它渡過了難關。

做人要藏心，做事要留心

珍妮的明智之舉不但解決了雙方的難題，還保持相互間的良好關係，鞏固了以後的合作基礎。

臉皮越厚，招數越多

對手的個性、技巧不同，自己也將受到對手用盡一切卑劣招數來進行輪番轟炸。所以，臉皮越厚，瞭解的招數越多，越有可能在談判中佔優勢，減少失敗的次數。

日常生活中，我們都免不了和別人打交道，無論是交談、交易，或是涉及權益的談判，常常考驗著我們的應對進退能力。

想從這些談話中獲得勝利，要訣是視實際狀況，時而抓住某些議題，時而避開某些議題，讓結局有利於自己。

一般來說，臉皮越厚，招數就越多，越容易獲得自己想要的結果。

「勝敗乃兵家常事」，在談判過程中遭遇失敗並不足為奇。

交易成敗關系到自己切身的利益，談判雙方趨於成交的願望，基本上是一致的。

所以，談判者都希望成功率儘量高些，失敗次數儘量少些。

但是，即使是談判高手，也免不了會有失敗的經驗。對待失敗的積極態度，應該是吸取教訓，總結失敗的經驗，然後設法拿出反敗為勝的王牌。

失敗並不可怕，可怕的是失敗後消沉、氣餒。對待失敗的積極態度，應該是吸取教訓，總結失敗的經驗，然後設法拿出反敗為勝的王牌。

由於對手的個性、技巧不同，自己也將在不同程度上，受到對手用盡一切卑劣招數來進行輪番轟炸。所以，臉皮越厚，瞭解的招數越多，越有可能在談判中佔優勢，減少失敗的次數。

因為，在談判中沒人能打百分之百的包票，所以防止遭受慘敗和反敗為勝的因素，還應包括以下幾項：

- 得到協力廠商對你的對手的評估；
- 細審對手提出的任何要求；
- 不要為任何說出來、做出來的事感到難為情；
- 不必針對對手的言行做假設，而是根據事實來決定自己的舉措；

- 別怕談判不成就拜拜，避免陷入人身攻擊的困境；

- 記取每次談判失敗的教訓，作為轉敗為勝的必備條件。

卡內基是美國著名的成人教育家，有一次，他想租用一家大飯店禮堂來舉辦訓練班。可是，交涉中途，飯店卻臨時通知他，要他付出比原來多三倍的租金。

後來，他終於打聽出，原來經理為了賺更多錢，暗地裡打算把禮堂改租給別人舉辦舞會或晚會。

面對這個唯利是圖的商人，看來卡內基唯一的辦法，就是放棄這家飯店，找一家租金便宜的地方繼續開課。

但是，事情的結果，卻完全不是這樣。卡內基找到飯店經理，對他說：「假如我處在你的地位，或許也會發出同樣的通知。你是這家飯店的經理，責任是讓飯店儘量獲利，若不這樣做的話，你的經理職位就保不住。」

卡內基接著說：「大禮堂不出租給講課的，而租給舉辦舞會的、晚會的，當然可以獲得大利。因為，舉行這一類的活動，時間不長，他們能一次就付出很高的租

金，比我的多得多。要是租給我的話，你們眞是吃虧了。」

卡內基鬆懈了對方的戒備情緒後，又道：「但是，你要增加我的租金，實際上是要把我趕走，因爲我付不起你要的租金，所以我勢必要另外找地方來舉辦訓練班。

不過，你要知道，這個訓練班吸引了成千受過高等教育的中上層管理階級人士，這些人到你的飯店來聽課，實際上是免費爲飯店做廣告。相反的，你若是花五千元在報紙上登廣告，也不可能邀請這麼多人親自來參觀。而我的訓練班卻幫你邀請來了，這難道不划算嗎？」

最後，卡內基運用欲擒故縱的說服術，終於使經理改變了態度，說服了飯店經理放棄增加租金的要求，使訓練班得以繼續辦下去。

做人要藏心，做事要留心

明天可以做的事，應當今天就去做；今天可以做的事，應當馬上就去做。

——印度諺語

製造競爭氣氛拉抬價碼

在談判陷入僵局時，不妨尋找另一個勢均力敵的對手，製造競爭氣氛，既可以加快成交速度，又能夠取得價格上的優勢。

莎士比亞在《亨利四世》中曾經寫道：「即使理由多得像烏莓子一樣，我也不願在別人強迫下給他一個理由。」

強迫，絕對不是最好、最有效的談判方式，而且極可能衍生負面的結果，最後與自己的期待背道而馳。就像你可以把一匹馬牽到河邊，但是無法強迫牠喝水一樣，人其實很難透過強迫性的舉動，說服別人贊成自己的觀點，或是要求別人按照自己的主觀意志行事。

與其強迫對方，不妨耍點心機，讓對方照著你的節奏走。

一家印刷廠的老闆想賣掉他的工廠，以便騰出精力經營娛樂生意。因為，這家印刷廠的機器太過老舊，只能印一些廣告之類的圖案設計、標誌及文字……等，幾乎沒有利潤可言。

他登出一個廣告，低價拍賣印刷廠。

廣告登出後，引來了許多買家，但真正有興趣的卻不多，只是來湊熱鬧，白白浪費大家的時間。其中有個買家，態度顯得比其他人明朗，但是他提出了許多要求。

廠主認為，提出要求的人對購買印刷廠有興趣，於是請這位先生寫下條件，想以此迫使那些還沒有表態的人，表明他們的態度。

廠主拿著那位對購買印刷廠有興趣的人寫下的要求，找到另一家似乎也有購買興趣的公司，商談這筆買賣。

廠主發現，要使這家公司立即表態做決定很難，因為對方推說他們的經理已經排滿工作了，不太可能騰出時間來經營這家印刷廠。

廠主意識到，如果他花時間等待對方做決定，就會在對方面前削弱自己的氣勢，

一旦對方沒有進一步的動靜，自己再找上門去催促，會對自己更加不利。

於是，廠主打定主意與這家公司的幾位高層人物洽談，提出把工廠賣給他們的最重要原因，是為了保證員工們的工作，除此之外，當然還有其他種種原因。他還聲稱自己不喜歡另一位願意出價的買家。

「還有另一位買家嗎？」對方對他的話產生了興趣，這樣問他。於是，他給他們看了那位有意願買主的信。

事情發生了戲劇性的變化，對方看了信後，發現這筆生意居然還存在著另一個競爭者，於是特別看重眼前的機會，馬上拍案成交。

廠主如願以償的賣掉印刷廠，獲得了他想要的錢。

這個例子說明了，在談判陷入僵局時，不妨尋找另一個勢均力敵的對手，製造競爭氣氛，既可以加快成交速度，又能夠取得價格上的優勢。

先釜底抽薪，再趁火打劫

找到與對方利益緊密相連的另一方，使出釜底抽薪的手段，設法造成威脅對方的態勢，使談判產生轉機，然後再趁火打劫，使對方屈服於自己提出的條件。

一九六一年之前，美國億萬富翁哈默的石油公司規模還很小。

一九六一年時，哈默石油公司在奧克西鑽通了加利福尼亞州第二大油田，價值估計至少二億美元。幾個月後，公司又在布倫特任德鑽出一個蘊藏量非常豐富的油田，價值可望達到五億美元。

為了將產品打入市場，哈默想要與太平洋煤氣與電力公司簽訂為期二十年的天然氣出售合約。

哈默了為與這家公司進行商業談判，做了許多準備，不料到了真正交涉的時候，

卻碰了一鼻子灰。

因為，太平洋煤氣與電力公司已經有了充足的油源，也有了穩定的用戶，所以他們的總裁高傲地對哈默說：「對不起，我們已經有了油源，品質也很好。」

哈默受挫，想在價格上和服務品質方面讓步，以便使談判出現轉機。然而，對方很沒有耐心，不願改變計劃，幾句話就把哈默打發了。

哈默被潑了冷水，還是忍受了下來，努力思考幾種制伏太平洋公司的辦法，最後決定採取「釜底抽薪」的厚黑手段。

哈默搭乘飛機前往太平洋煤氣與電力公司最大的買主──洛杉磯市天然氣承辦單位。只要動搖了這位客戶，太平洋公司必定要改變計劃。

他前往洛杉磯市議會，向議員們大吹法螺，描述自己的公司開出了兩口上等品質的油井，為了推動洛杉磯市的經濟發展和服務廣大市民，他準備從恩羅普修建造天然氣管道直達洛杉磯市，並且用比太平洋公司及其他任何競爭者更便宜的價格，供應天然氣。

對這番信口開河的話聽得十分心動的議員們，於是準備按照哈默的計劃，放棄

太平洋煤氣與電力公司的天然氣。

太平洋公司知道這個消息後，面對可能破產的絕境，感到驚慌萬分，趕緊來找哈默，表示願意合作。

臉厚心黑的哈默在同意合作之餘，還趁火打劫，提出了一系列有利於己的條件。

處於被動地位的太平洋煤氣與電力公司，根本就不敢提出任何異議，馬上乖乖地與哈默簽署合約。

談判不能繼續下去時，應該思考阻礙談判的主要原因，然後找到與對方利益緊密相連的另一方，使出釜底抽薪的手段，設法造成威脅對方的態勢，使談判產生轉機，然後再趁火打劫，使對方屈服於自己提出的條件。

用別人的錢替自己造勢宣傳

談判成功是多種技巧的結合，要別人接受自己的觀點之前，首先應讓對方肯定某種觀點，然後再用自己的觀點取而代之。

不管是人際交往，或是商業談判，最艱鉅、最複雜、最富技巧性的工作，無疑就是說服了。

說服的力量，綜合了各種因素：聽、問、答、敘等各種技巧，綜合運用後改變對方的初始想法，讓他轉而接受自己的見解。

擅於說服的人能使敵對雙方化干戈為玉帛，而拙於說服的人，可能由於出言不遜，而使矛盾更加惡化。

日本的經營之神松下幸之助在企業界起步時，就曾以誠懇和說服取得企業家岡田的配合幫助，使樂聲牌方型電池車燈先聲奪人、一炮而紅。當時，他決定採用主動出擊策略，為市場免費提供一萬個方型車燈。

但是由於財力不足，松下便厚著臉皮，希望生產乾電池的企業老闆岡田，能免費提供他一萬個乾電池，配合他實施這項計劃。

「一萬個乾電池價值不菲，要別人跟著自己去冒險，能做得到嗎？」松下不斷思索著如何說服岡田。

後來，松下想妥了一個違反常規的說服方法，便帶著樣品來到東京的岡田家拜訪。他先讓岡田看樣品，然後介紹自己推銷這個產品的策略。

在岡田頻頻點頭讚許之時，松下說：「為了配合這種新型車燈的推廣，希望您能提供一萬個乾電池。」

岡田此時還不知道松下要他免費提供，便爽快答應了。松下繼續說：「岡田先生，這一萬個電池，能否免費提供給我？」

一直在小酌的岡田一聽此話，立即呆住，怔怔地望著松下，手中酒盅停在空中，

像是凍住了一般，空氣似乎也凝結了。

一旁的岡田夫人此時插嘴說道：「松下先生，我們實在不明白你的意思，能不能請您再說一遍？」

「爲了宣傳造勢，我打算把一萬個方型車燈免費贈送，也請您免費提供一萬個電池，一道贈送。」松下不慌不忙地說。

老闆娘一副緊張的表情：「什麼？要一萬個？而且還是免費的？」這也怪不得她，松下的免費計劃也實在過於離譜。

岡田微突著小腹，緩過氣來驚疑而生氣地說：「松下先生，你不覺得這種厚臉皮的要求有點胡鬧嗎？」

松下處變不驚，鎮定地說：「岡田先生，也難怪您驚訝。但是，我對自己的做法非常有自信，無論如何，我決心要這麼做。但我不會無緣無故白白拿你的一萬個乾電池，我們不妨先談談條件。現在是四月，我有把握一年內賣掉二十萬個乾電池，請您先送一萬個給我。倘若您願意照我們的約定，我就把這免費的一萬個乾電池，裝在方型車燈裡當樣品，寄到各地。」

岡田疑惑地看著松下，問道：「你的想法倒是很偉大，但是，倘若賣不掉二十萬個，你又該怎麼辦？」

「若是賣不出去，您照規矩收錢，這一萬個電池算是我自己的損失。」松下爽直地回答，沒有一點含糊。

岡田夫婦雖然不再言語，氣氛似乎融洽許多，但岡田的態度還沒有轉變。於是，松下進一步解釋：「我今年三十歲，已屆而立之年，正是努力事業的時候，無論如何，都會拼命工作。我二十三歲獨立創業，到現在已初具規模，這些年來，一直不敢有所鬆懈，我日夜都在想，怎麼做才能做得最好。我到這裡來請您幫忙，就是出於這個目的，請您相信我。」

松下這番話說得很認真，很誠懇，也很得體，岡田先生覺得他年輕有為，氣宇不凡，於是展露笑容說：「我做買賣十五年，還不曾遇到過像你這樣的交涉方法。好吧，如果你能在一年內賣出二十萬個，這一萬個就免費送給你，好好做吧。」

由於方型燈十分暢銷，岡田的電池也成了暢銷產品，不到一年就銷出了二十萬個，而這二十萬個電池的銷售利潤，遠遠超過贈送一萬只電池。

岡田自從生產電池以來，從來沒有遇到過這樣的好景氣，對松下真是感激不盡。

松下的談判成功是多種技巧的結合，其中最主要的是採取一種超乎常規的說服辦法，變通技巧——要別人接受自己的觀點之前，首先應讓對方肯定某種觀點，然後再用自己的觀點取而代之。

他常常把自己的思想深入別人心裡，引起共鳴，掌握對方心理，步步逼進，使其同意。他沒有半句強迫的言詞，但是，循循善誘之餘，總是叫人心悅誠服。

當然，最關鍵性的一件事是：松下必須有能力和信譽保證兌現諾言，否則就算臉皮再厚，說得再天花亂墜，也無濟於事。

使出心理戰術逼對手讓步

柯倫泰的一系列暗示，令充滿男人自尊和紳士風度的挪威商人，不得不接受她的低價，從心理上贏得這場談判，輕描淡寫的一兩句話，就教人舉手投降。

柯倫泰是世界有名的大使，精通歐洲十一國的語言，曾經被蘇聯政府任命爲駐挪威貿易代表，交涉一切對外貿易事務。

有一次，她和挪威商人就購買挪威鯡魚進行談判。

挪威商人開價很高，她的出價卻很低。

挪威商人精於談判訣竅：賣方叫價高得出人意料的時候，買方往往不得不做出小小讓步，再與賣方討價還價。然而，柯倫泰也知曉這些生意手法，不肯讓步就範，堅持低價交易。

因為她知道，只要談判不破裂，耐心拖下去，可能就會取得意想不到的效果。

於是，她堅持「出價低、讓步慢」的原則，取得了討價還價的有利形勢。

後來，柯倫泰和挪威商人進行激烈爭辯，都想削弱對方堅持立場的信心，結果談判陷入僵局。

在談判無以為繼的時候，她突然無條件地讓步，裝出一副可憐的模樣說：「好吧，我同意你提出的價格，如果我們政府不批准這個價格，我願意用自己的薪資支付差額。但是，當然要分期付款，我可能得支付一輩子。」

她這幾句話說出來時，面露無奈神色。挪威商人怎麼好意思叫她個人支付差額呢？於是也表露一臉無奈：「算了，將鯡魚價格降到您提出的那個最低標準吧！」

柯倫泰的計策是，她表面敗下陣來，卻提出了一個難解之題給對方：用一輩子的報酬分期支付雙方的價格差額。

其實，這道難題是不能成立的，因為她是蘇聯駐挪威貿易代表，有獨立處理貿易之權，她卻把它推給政府來決定，這是明顯的搪塞之詞，而且也是說不過去的。

再者，她把挪威商人與蘇聯政府之間的貿易交涉，轉換成挪威商人與其個人的談判，轉換了談判主題，把本來雙方平等的談判，變成一種無法構成經濟關係的空談。

挪威商人的讓步，並非在邏輯上被柯倫泰說服，而是一種無形壓力佔據了心理：怎麼能拿她微薄的所得去填補如此巨大的價格差額呢？這樣做豈不是有失厚道？

其實，柯倫泰給他另一種暗示是：「你看，為了跟你做成這筆生意，我一輩子的生活費全都要賠進去，難道你就不能讓點步嗎？教一個小女人無端失去生計的男人，算什麼男子漢？」

柯倫泰的一系列暗示，令充滿男性自尊和紳士風度的挪威商人，不得不接受她的低價。柯倫泰從心理上戰勝了挪威商人，贏得這場談判，輕描淡寫的一兩句話，就教人舉手投降。

別把自己的想法寫在臉上

當你退讓時，

至少要從對方那裡得到相當價值的回應。

若要確定對方的回報是否實際，

必須自問一個問題：

對方的退步對達成協議有否價值？

多讓一步，人生更少險阻

人生好比行路，總會遇到狹窄難行的關卡。這種時候，最好停下來，讓別人先行一步。

你認為，一個人最在意、最不容許失去的是什麼？

答案不是金錢，不是愛情，而是自尊。

一個自尊和人格受到損害的人，會為自我保護的心理，做出什麼樣激烈的事情來，根本無法預測。

許多時候，我們本無存心傷人之意，卻可能因為一句無意的話，為自己樹立一個敵人。由此看來，謹言慎行很有必要。

以下這則故事，有相當大的思考空間，相信能給你一些啟示。

小麗是位自尊心很強的女孩，卻不幸跟幾位「沒教養」的人當了同事。這些人舉止隨便、輕浮，小麗很看不慣。

一次，正下著雨，一位女同事想出去買東西，拎起小麗的傘就走。

小麗十分不高興，心想：怎麼招呼也不打就用別人的東西呢？未免太欺負人，太不懂禮貌了！

於是，她勉強忍住氣說：「妳拿錯傘了吧？」

想不到對方大剌剌地回答：「我忘了帶傘，借妳的用一下。」

「妳好像沒跟我說『借』字吧！」

「哎喲！大家都是同事，還用得著說『借』嗎？我的東西還不是放在那裡，誰愛用就用。」

小麗板起了臉孔，冷冷地對她說道：「那是妳，不是我。要用我的東西就得說『借』，我不同意，誰也不准拿！」

沒想到，從這件小事發生之後，小麗的處境便有了很大的改變，那幾位同事再

也不理她，連工作上的合作都不願意。

不知情的上司以為是小麗的問題，經常提醒她注意經營人際關係，不要造成大家的困擾，根本不聽她的解釋。

為此，小麗常常憤憤不平地想：我只不過是維護自己應有的權利而已，難道這也錯了嗎？

當然，捍衛自身應有的權利沒有錯，但做法可以有很多種。小麗的動機固然正確，但是方法與態度並不高明。以這種態度為人處世，必定免不了為自己樹立許多敵人。

在工作和生活中，隨時都會遇到一些人，或許有心，或許無意，說出傷害我們的話，或做出對不起我們的事。

這種時刻，你認為如何應對最好？是針鋒相對，以怨報怨，還是寬容為懷，大方地原諒？

人生好比行路，總會遇到狹窄難行的關卡。這種時候，最好停下來，讓別人先行一步。適時讓步，才能減少險阻。

心中常有這種想法，生活就不會有那麼多抱怨了。畢竟，即使終身讓步，也不過百步，能對人生造成多大影響呢？

經常讓人一步，別人心存感激之餘，也會讓你一步，於是一條小路從此變成了康莊坦途。

事事不肯讓人，別人心懷怨恨，就會設法阻礙、損傷你，那麼即使是一條大路，也會充滿險阻，窒礙難行。

順水推舟解決難纏的對手

順水推舟一般在難以「下台」時，是一種最有效的化解武器。主要特點是順應時勢與對方話來採取對策，使局面向著有利於己的方向發展。

有位女老師頭一次去商職夜校教課，學生開她玩笑說：「喲，老師的字真漂亮，跟您的人一樣！」

這個玩笑讓女老師無法接受，因為她的字其實是醜得令人不敢恭維的。但她還是笑了笑說：「你們和我開玩笑沒關係，但是不能和自己開玩笑。你們付了學費，用比金錢更寶貴的時間來學習，假如上課胡思亂想，學不到知識，時間、金錢統統浪費了，這豈不是在和自己開玩笑嗎？」

學生們茅塞頓開，於是對這位老師很尊敬。

我們生活周遭，如果看到別人的缺點，直接指出的話，對方恐怕不易接受，這時就可以運用順水推舟的技巧來解決。

順水推舟一般在難以「下台」時，是一種最有效的化解武器。

主要特點是順應時勢與對方話來採取對策，使局面向著有利於己的方向發展，扭轉大局，順利解脫。

這位女老師針對玩笑的難堪，順勢引到「和自己開玩笑」的角度，對學生機會教育一番，進而化解了尷尬，一舉兩得。

某次，一位著名的女演員和丈夫舉辦一場敬老宴會，參加的還有文化藝術界不少著名前輩。耄耋之年的老畫家齊白石，也由護士陪同前來。

他坐下後，拉著這位演員的手，目不轉睛看著她。

護士用稍帶責備的口吻說：「您一直看人家做什麼？」

老畫家生氣地回答說：「我為什麼不能看她？她長得很好看啊。」

這時，女演員笑著對這位老畫家說：「那，您儘管看吧，我是個演員，是不怕人家看的。」

女演員用「不怕人看」的理由，順水推舟的為大家化解一時的尷尬。

另外，順水推舟的方法，還能運用於巧妙的諷刺。

清朝時有個考生是當朝中堂李鴻章的親戚，雖然胸無點墨，卻喜歡附庸風雅。

他在考場上打開試卷時，不由得兩眼直翻，大半的字都不認識，根本無從下手。

眼看時間快到了，他靈機一動，舉筆在試卷上寫道：「我乃李鴻章中堂大人的親妻（戚）。」

主考官批閱到這分試卷時，非常生氣，提筆寫道：「所以本官不娶（取）你。」

主考官巧借這個考生的錯別字，順勢來個「錯批」，達到強烈的諷刺效果。

有名叫丘浚的人去拜佛，老和尚見他寒酸，對他愛理不理。此時，一位官員來逛廟，老和尚馬上笑臉相迎，極為奉承巴結。後來，丘浚問老和尚說：「為什麼你

對當官的這般恭敬阿諛，對我卻一副冷若冰霜的模樣？」

老和尚振振有詞的說：「你不懂，按佛門的心法，恭敬就是不恭敬，不恭敬就是恭敬。」

丘浚於是心生一計，就地拾起一根木棒，對準老和尚頭上就打。老和尚雙手抱頭高喊救命，痛定思痛，責問丘浚為何動手打人。丘浚說：「既然恭敬就是不恭敬，不恭敬就是恭敬，那我打你就是不打你，不打你就是打你。」

老和尚用「恭敬就是不恭敬，不恭敬就是恭敬」的詭辯手法，為自己的勢利辯護，丘浚就用同樣的手法來懲罰他。

做人要藏心，做事要留心

當一個人即將成為自己的理想中人物時，正處於巔峰狀態，但是在達成目標之後，他就可能失去原來的聰敏。

——詹森

虛張聲勢會讓你獲得好處

虛張聲勢的策略絕不可輕易使用，除非風險到了最小階段，而且是在對方比你更想做成這筆生意的時候。

目前仍然從事機器銷售的Ｋ君，常把虛張聲勢嚇唬對方的狡猾方法使用在談判桌上。他明明不知道的事，卻常常裝作早已瞭若指掌，等到對方發現他的底牌時，為時已晚。

例如，每當有人問他說：「我剛剛從別的廠商那兒聽到一個重大消息，不知你是否知道？」

他總是這樣回答：「這早已經不是新聞了。」其實，此事他還是第一次聽說。

假如對方問：「究竟是什麼事呢？」

人性本詐篇

▶▶ 307

他則會含糊其詞地說：「現在還很難說，如果貴公司願意和我們站在同一陣線的話，我們會隨時將最新消息告訴您。」或進一步說：「貴公司聽到的是哪一件事呢？是否已有更進一步的消息了？」試探著打聽對方得來的消息。

K君在降價動作上更是別出心裁。比如他心底的期望價是九十元，開價一百元，對方必然會要求降價。雖然他最後答應了九十元的價格，但他並不是一元一元地慢慢往下降，而是連續表示：「不降，一分錢都不能降。」到最後關頭看準時機，一次降十元。

他認為一次降一元，是把對方的滿足感慢慢地削去，等降到九十元時，對方的喜悅感已蕩然無存。此時，就算你已經降了十元，對手還是不怎麼滿意。

相反的，每次交涉都堅決拒絕後，對手一定會顯得焦躁不已，此時一口氣滿足對方需求，其喜悅感一定會相對升高幾倍。

談判雙方的利弊得失不應該是一百比零，否則是強求而不是交易，當然也不是五十比五十的結局。高明的談判者必定是讓對手獲得五十分的滿足感，同時自己卻得到六十或七十分利益。

那種想贏對方一百分的談判手,其實無法贏到一百分,當對方沒有利益或得不到優惠,你就不可能贏得穩定的客戶與長遠的生意。

我們再看另外一個例子。S君想把自己的店鋪賣給大商店老闆Y,經過唇槍舌劍的長時間談判,雙方在價格上產生了分歧。

Y老闆說:「我出的價不能高於一千五百萬元。」

S君道:「我一再跟您說了,我要二千萬元,少一分也不行。現在乾脆把這交易取消算了。」當然,他宣佈談判結束,只不過是虛張聲勢,目的在於迫使Y老闆提高價格。

「真遺憾,S先生,我們實在沒有共識。如果你改變了主意,請再通知我吧。」

但是,Y老闆也不是省油的燈,不慌不忙的把S君的虛張聲勢頂了回去,目的在於察看對方是否有意繼續談判。事實上,他是可以出價二千萬元的,但此時還沒到攤牌的時機。

「既然如此,我也沒辦法了。」S君是想把店鋪賣出去,也知道Y老闆想買,

因此決定一走了之，試試看會發生什麼事。

兩週後，Y老闆通知S君，同意二千萬元的售價。

S君的期待之所以能夠實現，在於他的虛張聲勢受到對手挑戰後，仍然堅定不移。也就是說，S君獲得成功的關鍵在於Y老闆不聽他這一套後，S君轉身就走的大膽決定。

但這一招的風險不小，因為極有可能得不到他的期望價格；如果Y老闆不信邪，那就得承擔失敗的後果。所以，虛張聲勢的策略絕不可輕易使用，除非風險到了最小階段，而且是在對方比你更想做成這筆生意的時候。

做人要藏心，做事要留心

如果你抱著誰都不得罪的想法，那麼，你可能就永遠也不會給大眾留下深刻的印象。

——傑米・巴列特

說錯話會把交易搞砸

在賣方的字典中絕對不能有「否定句」，代替否定的應該是「拜託」——從交涉

開始到結束，都只有「拜託」的字眼。

台灣某家公司的銷售部經理M君，向一家製造廠商推銷生產流程配套設備，在

合約協調過程中，已經有百分之九十九的達成率，剩下未達成的百分之一，就是價

格問題了。

面對製造廠的降價要求，他打算把二億元的價格略為下降一百萬，而與製造廠

談判。對方接洽者同意這一價格，就等上司點頭，進行簽約儀式。

隨即，製造廠的採購經理找到M君的上司，懇求說：「協理，貴公司的立場我

不是不知道，但請給我一點面子，再降價一百萬如何？」

M君的上司表態說：「為了今後雙方能夠長久往來，這一點倒是不成問題。」

因此就爽快批准了。

買賣雙方都在期待簽約日的到來時，但是，事情突然發生了變化。

當時，對方經理提出再降價一百萬的要求，M君的上司也點了頭，M君為了表示親切，於是向對方經理說：「其實，我們公司本來是不會接受這種價格的。」誰知這番話卻誤了大事。

他的意思很清楚：「我們公司無法接受的價格，卻為了你而接受了，這給你天大的面子。」本來這是討好奉承的話語，誰知竟把這筆交易搞砸了。

對方採購經理一聽，臉色驟變：「我知道了。這件事就到此為止。雖然貴公司一直很努力，但不必再談了。」說完就獨自離場。

面對此種突如其來的變故，M君和在場的對方採購員，一句話都說不出來，莫名其妙地大眼瞪小眼，呆若木雞。

M君不知道自己做錯了什麼，認為等到雙方冷靜後，無論如何都要去致歉，請教原因何在。

對方的採購部勸他說最好重新擬訂計劃，再登門向採購經理道歉也不遲。

然而，事情至此已是覆水難收，這筆交易不久就被另一家廠商，以高過二億元的價格取得。

M君事後才意識到，原來問題出在他的討好上，在賣方的字典中絕對不能有「否定句」，代替否定的應該是「拜託」——從交涉開始到結束，都只有「拜託」的字眼。如果對方出價過低，己方要價過高時，只能說「拜託，請再考慮一下」。

M君無意中表錯了情，造成莫大的遺憾。競爭對手並未在他身上運用策略，而達到擊敗他的目的，結果他自己卻無意中犯了嚴重錯誤而痛失良機。

要為自己預留周旋空間

必須確定對手的許可權和是否有幕後決策者，才能評估對手的影響力。否則，對方往往會藉口送交上司核准，從你這裡獲取更多的讓步。

談判桌是唇槍舌劍的戰場，是充分發揮說話技巧的擂台。談判席上的高手，應在以觀察為主的辯論中發揮卓越能力。

為推理而推理，容易落入陷阱。談判者應博覽善記、巧於比喻，把話說得簡明易懂；應直覺的洞悉出反面的語意，善於駁倒謊言；融合各方意見，說服對方站在自己的立場。

東田先生代表製造公司，與代表原料公司的西宅先生雙雙走進談判室，洽談購

買生產原料的問題。談判在原料公司進行了長時間的交鋒，雙方意見已十分接近。

東田出價四十五萬元，而西宅認為這個價碼還不錯，但仍需要與總裁商量。

西宅出去十分鐘後，回來繼續開始。

「我已經請示了總裁，他說任何低於五十五萬元的價格都不能接受。但是，我轉達您絕不肯再讓步的意思，於是他又說看在您是老客戶的分上，他願意接受五十萬元的價格。」西宅首先通報總裁的意見。

東田立刻表態：「這不行，我們去年才花四十二萬元買了同樣的原料，四十五萬已經是我方的最高價，這一點我在一小時前就告訴您了。」

西宅道：「這我知道，可是⋯⋯」

兩位代表爭論了將近一小時，東田還是不肯把價格往上提。

「好吧，我再去跟總裁商量。」西宅又出去了，不久回來後說：「總裁發火了，不過我還是讓他同意四十八萬元這個價格。趁他還沒改變主意前，咱們簽約吧！」

東田很生氣地說：「我看不出再談下去還有什麼用，我已經訂了機票，三小時後就得登機回去。如果你們總裁還想做這筆生意，那就請他直接跟我談吧。」

他擺出時間有限的態勢，迫使對方答應成交。

終於，總裁現身問道：「東田先生，現在問題到底出在哪兒？」

東田說道：「問題不在我們，我已經同意四十五萬的高價，這已經比去年同樣的交易還多付了三萬。如果您還不接受的話，那麼再討論下去也沒什麼意思。」總裁又說了幾個理由。

「從去年開始，我們的成本就提高了不少，請您體諒我們的難處啊。」

東田先生聽了後，對總裁說：「很抱歉，我們也有我們的難處，四十五萬已經是最上限了。」他一邊說，一邊收拾文件。

這些動作其實是有意製造時間上的壓力。總裁為難地說：「那麼，我們最低的價格是四十六萬元，這可離您報的價沒差多少了。說句實話，我們可是賠本跟您做生意啊！」他向東田伸過手來道：「怎麼樣？成交？」

東田立即說：「那就四十六萬成交吧。等星期一我回到公司，由我來準備有關文件。」

事實上，在談判一開始時，東田就已經知道會議中的任何協議，還須經過對方

上司同意，所以他在出價時便留了一手。其實，他期待的價格是四十七萬五千元。

當你發現談判牽扯到對上級時，千萬別把最高報價透露給下級知道，等到對手搬出上級來時，你才有周旋的餘地。

總之，不管在任何情況下，你都應該知道到了哪個關口給的價格合理、如何才能把對方榨乾，以及何時得拒絕報價。

換言之，必須確定對手的許可權和是否有幕後決策者，才能評估對手的影響力。

否則，你將不知道此次的談判是否為最後的洽商，而對方往往會藉口送交上司核准，從你這裡獲取更多的讓步。

做人要藏心，做事要留心

人們總以為在高層永遠不會有很多好位置，而寧願把它當成夢想，我倒認為高層之上一定有許多空位。

——柴契爾夫人

善用環境的特殊催化力量

談判前擬定的計劃中，選擇談判環境和地點的準備工作十分重要，因為這具有促成談判儘速達成協議的特殊催化力。

美國第二任總統湯姆‧傑弗遜，在《獨立宣言》簽署發表後幾年曾說：「在不舒適的環境下，人們可能會違背本意，言不由衷。」

他指的事眾所周知，《獨立宣言》的簽署會場是在一間馬廄的隔壁，當時正值暑氣炎炎的七月，天氣特別悶熱，令人煩躁不安。

更令人忍無可忍的是，馬廄裡有許多飛來飛去的蒼蠅，在談判會場中橫行無阻，有時停在談判代表的臉上，有時則在談判代表的背上，甚至無所顧忌落在代表拿筆的手背上。在這種情況下，簽字意味著一種解脫，又有誰願意跟嗡嗡亂飛的紅頭蒼

蠅長期糾纏在一起呢？

據說，以前美國總統卡特在主持埃及和以色列的和平談判時，就故意把談判地點選在大衛營。大衛營並不是渡假勝地，而是連一般市民休閒之時都不願去的地方。那裡最刺激的活動，就是撿撿松果、聞聞松香而已。

據聞，卡特為這次中東和談提供的娛樂工具，是兩輛供十四人使用的自行車。住在那裡的埃及總統沙達特和以色列總理貝京，每天晚上只能從兩部電影中選擇一部來觀賞。結果到了第六天，他們早把這兩部電影看了好幾遍了，看得煩透了，可是，卻沒有新片可看。

每天早晨八點，卡特就會去敲他們的房門，聲音單調地對他們說：「我是吉米·卡特，請準備再來渡過內容同樣無聊，而且令人厭倦的十個小時吧！」

如此過了十三天，沙達特和貝京再也支持不下去了，心想只要不影響自己的前途，乾脆早點簽字，好離開這個鬼地方。

《獨立宣言》簽字之快，以及中東和談協議的順利簽署，環境是一個不可忽視的因素——選擇在馬廄隔壁和大衛營做為談判簽字的地點，就是逼迫雙方求大同存小異，儘快成交的方式。

一般選擇談判的環境，總是以風景名勝為多，而且房間具備起碼的條件，寬敞、明亮、通風、隔音良好和氣溫宜人；假如談判代表有特殊愛好或任何忌諱，房間的佈置上就要有一定的配合度。

至於枯燥惡劣的環境，有時之所以理想，是因為優美的環境往往使人流連忘返，惡劣的環境則使人想儘快尋求解脫。如此的願望，可以促使雙方代表為了達成協議，而加倍努力，儘速結案。

從上述例子我們可以看出，談判前擬定的計劃中，選擇談判環境和地點的準備工作十分重要，因為，這具有促成談判儘速達成協議的特殊催化力。

從這裡可以看出，傑弗遜和卡特兩位總統，分別為各自進行的談判，預先設計的計劃是何等周密細微，真可謂煞費苦心。同時，這也給了談判者一種激勵的啟示：談判預測的推演準備，對談判成敗或效果的優劣，事關重大。

兩面手法是最有效的方法

談判一方的代表中，先由一位固執己見的頑強角色出來扮黑臉，然後由另一位
通情達理的好人出來唱白臉，是一種常用的有效策略。

霍華‧休斯是美國的大富豪之一。他的性情很古怪，又容易發怒，有一次，為
購買大批飛機，而與一家飛機製造廠展開談判。

在談判開始之前，休斯列出了三十四項要求，其中有幾項是非達到不可的條件。

當休斯與這位飛機製造廠商談判時，又爆發了往常那種暴躁的牛脾氣，態度極
端強硬，致使那位廠商非常氣憤，整個談判氣氛充滿了強烈的對抗意味。

談判雙方都堅持自己的立場，互不相讓，斤斤計較，於是談判陷入僵局。

這一輪談判下來，休斯意識到自己蠻橫的態度，已使對方忍無可忍，不可能再

和對方坐在同一張桌上進行談判了。

因此，他便選派了一位性格溫和，又很機智的部屬做為他的代理人，繼續和飛機製造廠商談判。

他叮囑這位代理人說：「只要能夠爭取到那幾項非得到不可的要求，我就心滿意足了。」

休斯的談判代表跟飛機製造廠商經過一番談判，出人意料的爭取到休斯所列的三十四項要求中的三十項，而這三十項中當然包括那幾項必須達到的條款。

這樣順利的談判令休斯很驚奇，於是他連忙問代理人，到底是用什麼方式贏得了這場談判。

代理人回答說：「這很簡單，因為每次談到僵持不下時，我就問對方：『你到底是希望與我解決這個問題，還是留待霍華‧休斯來和你們解決？』結果，對方無不接受我的要求。」

談判一方的代表中，先由一位固執己見的頑強角色出來扮黑臉，然後由另一位

通情達理的好人出來唱白臉，是一種常用的有效策略。

因為，對方無法接受黑臉的頑固態度，又不能對幫自己說話的「好人」產生反感，從而撤除了心理上的警戒線。

做人要藏心，做事要留心

電腦和人一樣，都適用「彼德原理」。如果它的工作成效很好，就可能晉升擔負更多的職責，直到它達到不能勝任的層級。

——勞倫斯・彼德

慢慢敲竹槓，
使對方一讓再讓

先將對方價格壓到最低，

再一步步提出各種小小的要求，

讓對方總感覺到只差一點點就成交，

直到最後簽下合約時，

已在不知不覺中喪失不少利潤了。

落井下石，害人更害己

平日千萬不可做落井下石的事，這不僅僅是為他人保留顏面，更是為自己日後發展的順遂著想。

人落魄時，最需要的是理解和幫助，若是對方與你沒有積怨舊恨，即使不幫助他，也應理解他，大可不必落井下石。

打落水狗，可得小心對方狗急跳牆，反咬你一口。所以，看到他人落難，就算你不打算向對方伸出援助之手，也不應該跟著別人一起落井下石，免得日後為自己惹來更大麻煩。

娟娟是一家雜誌社的攝影，由於曾在美國待過一段時間，行事有些洋派，在作

風保守的雜誌社裡，顯得格格不入。

她的個性較散漫，又常做錯事，總編輯早就看她不順眼，只因她是老闆朋友的女兒，所以只好睜一隻眼、閉一隻眼。

有一天，為了一些照片，總編輯和娟娟起了衝突，眾人見戰火引燃，紛紛過去圍觀。娟娟還要力爭，眾人你一言我一語地加入戰場，她一舌難敵眾口，狼狽而逃。

在這之後，眾人更不約而同地聯合起來打擊她，挑她照片的毛病，批評她偶爾的遲到早退。後來，她被迫辭職了。

在職場上，這就是最標準的落井下石，對失勢的人，或遭遇困境及外來攻擊的人，再加以嚴厲打擊。

別小看落井下石的傷害，人家本來已經夠慘了，你還要跟著給予打擊，豈不是最標準的雪上加霜！

當然，一個人「落井」後還遭「下石」，背後必定有原因，例如平常不懂和別人相處，鋒芒太露，引人嫉妒，妨礙了別人的利益等等。凡此種種，都會使人產生

「除之而後快」的心理。所以,會不會遭遇落井下石,與個人在團體中扮演的角色、做人成敗,關係極大。

每個人的價值觀都不一樣,行事原則也不見得能讓所有人滿意,難保不會有受挫、落魄、被打擊的時候。平日千萬不可做落井下石的事,這不僅僅是為他人保留顏面,更是為日後發展的順遂著想。

見到他人遇難,不向對方伸出援助之手,反而還落井下石、雪上加霜,這種做法只能逞一時之快,從長遠角度來看,實在是不智之舉。

有心改善人際關係的人,千萬要控制好自己的行為,明哲保身,別做出陷害打擊人的事。

膽識，是成功的要素

面對同類產品降價銷售、搶攻市場佔有率，出其不意的強勢脅迫，霍布萊因公司並不是在談判桌上鬥個你死我活，而是在顧客心理上開闢戰場。

美國霍布萊因公司生產的斯米爾諾夫伏特加酒，素享盛名。但在二十世紀六〇年代，它曾經受到一次嚴峻的考驗。

當時，霍布萊因公司的伏特加酒每瓶售價一美元，另一家酒廠則以每瓶低於一美元的價格，推出了同類產品，一下子打入了市場。

面對不利形勢，霍布萊因公司沒有針鋒相對地與對方打一場價格戰，他們認為公司的產品聲譽好、銷量大，倘若貿然捲入了價格戰中，既損害了公司形象，又會造成鉅額損失。

但是，面對競爭對手挑起的價格戰，又不能視若無睹。於是，霍布萊因公司一面與競爭對手談判，一面密謀因應策略。

但是，談判沒有達成任何協定，因為競爭對手已經做好孤注一擲的準備。他們要贏得市場，似乎沒有第二條路可走，所以堅決不答應霍布萊因公司的條件──割讓一小塊市場，而這個市場還在偏遠地區。他們要的是霍布萊因公司割讓半壁江山。

霍布萊因公司其實心裡知道難以達成協議，卻仍抱持著誠心和信心進行談判。

另一方面，該公司做出了異乎尋常但極為出色的決策，把斯米爾諾夫伏特加售價調升至二美元。

結果令人吃驚，消費者認為高價必是好貨，因此，斯米爾諾夫伏特加銷量絲毫未受到影響，反而逆勢上揚。

這一策略徹底粉碎了對方在談判桌上咄咄逼人的攻勢。這是一場在談判桌外的較量，比在談判桌上針鋒相對更具戲劇性，當然也更有效果。

霍布萊因公司面對同類產品降價銷售、搶攻市場佔有率，出其不意的強勢脅迫，

並不是在談判桌上鬥個你死我活，或是展開價格戰，而是在顧客心理上開闢戰場。

降價，給顧客的形象是貨質不佳的便宜貨，並且又由於是新上市的伏特加，沒有知名度，而霍布萊因是個聞名已久的老品牌，酒的品質廣為人們肯定，它的漲價給人們兩種暗示：一是品質在原有基礎上有所提高，不然不會漲價；二是與對方拉大價差，抬高了身價。

對方脅迫霍布萊因公司讓出半壁江山的目的沒有達到，是因為霍布萊因採取了出人意料的高明策略。

另外，莎士比亞的名劇《威尼斯商人》中，有個有趣的情節，也可以供我們談判之時參考。

安東尼奧向夏洛克借了三千金幣。夏洛克提出的條件是，如果到期不償還，就從安東尼奧身上割下一磅肉來償還，二人並立下字據。

還債時間到了，安東尼奧卻無力償還，夏洛克執意要從他身上割下一磅肉，並告到了法院。鮑西亞扮成律師為安東尼辯護，她對夏洛克說：「你得請一位外科大

夫，免得他流血過多，送掉性命。」

夏洛克為了報復安東尼奧，非置他於死地不可，於是說：「但是，借據上並沒有這一條。」

鮑西亞說：「借據上寫的是一磅肉，並沒有寫說要給你任何一滴血。也就是說，割一磅肉時不能出一滴血。夏洛克，你就準備割肉吧，但是當心別讓他滴出一滴血來。還有，你割的肉不能超過一磅，也不能少於一磅。要是你割的肉比一磅多一點或少一點，就得按威尼斯的法律，判你死罪，財產充公。」

要做到割一磅肉而不流一滴血，而且要不多不少，任誰也辦不到。鮑西亞並未與夏洛克正面抗衡，而是憑著過人的膽識，冷靜的邏輯思考，解救了安東尼奧。

保守秘密，就立於不敗之地

機智伶俐的談判者，善於揭露和評估任何有關對方的情報。揭露是刺向對方弱點的法寶，評估是與自己的期待相比較。

有一次，中國外銷業務員到英國，與當地皮草商進行貂皮交易談判。

談判中途休息時，服務員送來精心烹煮的咖啡，大家一邊喝著，一邊無拘無束的交談。有位英商湊到中方陪談人員身邊，遞菸搭訕，問道：「今年貴國貂皮產量比去年好嗎？」

「不錯。」中方陪談人員隨便應了一聲。

英商又緊盯著陪談人員問：「如果，我想買十五萬到二十萬張貂皮，貨源應該不成問題吧？」

「沒問題。」中方陪談人員仍然不經意地回答。

不到一支香菸的工夫，這位狡猾的英國皮草商早在不知不覺中摸到了中方的重要商業情報，並據此設下了圈套。

英商掌握了中國貂皮生產情況後，便提出向中方訂購五萬張貂皮的數量，出價比中方開出的價碼還高百分之五。

中方談判代表沒想到這是對方在玩弄花招，反而認為英商提出高價搶購，是為了擠垮別的競購對手，達到壟斷貨源、獨家經銷的目的，因而，為這個理想價格而暗自欣喜。

然而，事隔幾天，英國其他採購商紛紛向中方反映說，有人以低於中方的價格，在英國市場上拋售中國貂皮。

這時，中方談判人員分析貂皮業務談判的前後經過，才恍然大悟，原來那位英商故意提高百分之五的價格，用意在於捆住中方人員的手腳，讓他們以此為目標價格，進而拒絕與其他出價較低的英商談判。因為，他出的價格較高，其他採購商就不敢問津了。

就在這個時候，那位掌握了中國貂皮生產情報的英商，趁著中國貂皮價格居高不下之際，以低價在英國市場迅速拋出本身的存貨，此舉不但紓緩自己的庫存壓力，也使得中方的貂皮嚴重滯銷。

這位英商掌握了中方的有用訊息後，以聲東擊西的手法，轉移中方的注意力，私底下卻悄悄地實現自己的預期目標。可見，保護己方情報，是絕不可小覷的。

日本一位種植金瓜的農人向瓜販兜售他的果實，開價五元一斤。瓜販覺得太貴，但不知對方的底價是多少，於是說想考慮一下，改日再談。

因為這種進口瓜種，在日本尚屬稀有，瓜販走遍瓜市，才找到一個賣金瓜的人，售價也是五元。瓜販不信邪，發誓一定要挖出金瓜農人底價。

後來，他終於摸清了金瓜的底價是三元一斤。

雙方進行談判時，瓜販出價一斤三元，瓜農一口拒絕。瓜販於是說出他得到的情報，據理力爭。瓜主見對方有備而來，於是口氣軟了下來：「賣你三元一斤沒問題，但是，你不可以進別家的金瓜。」

利用許多方法可以得到有用的情報，例如，向市場價格管理部門諮詢、雇請調查員、與具有相關專業知識的人交談……等，當然也可以透過仲介業者打聽。

搜集情報還有個最重要的方法，就是在談判前和談判進行中，從對方的談話中獲知，並瞭解對方知道自己的事有多少。

機智伶俐的談判者，善於揭露和評估任何有關對方的情報。揭露是刺向對方弱點的法寶，評估是與自己的期待相比較；揭露和評估有利於增加己方在談判時的籌碼，保護不利於己的消息。

但在向對方發問時，不能使用欺騙的手段，否則，損害彼此的信任後，就得不到重要情報，甚至對方會築起懷疑的高牆。可是，也不要害怕向對方提出深入的問題，最壞的可能，只是被告知：「無可奉告。」然而，從這句話的本身，也可以推論出具有價值的情報。

具備應變能力才能化險為夷

應變能力是談判者必備的條件，惟有具備應變能力，才能隨機發揮創造力，並且化險為夷、戰勝一切。

W國派駐紐約的Ａ先生，奉命採購二千噸洋蔥，但是國內的總公司突然來電，命令取消訂單。

這批洋蔥是Ａ先生走訪了美國各地後，以非常便宜的價格買下的。誰知道國內今年風調雨順，五穀豐收，洋蔥生產過剩，價格暴跌。

Ａ先生想到自己為採購這批洋蔥所經歷的辛苦時，忍不住抱怨公司的命令來得太晚。但冷靜思考之後認為，如果把這批洋蔥運回國，非得降價求售不可，恐怕血本無歸，站在交易立場上，非得取消訂單不可。

問題是，如果A先生憑藉著一股傻勁，向對方低頭道歉說：「對不起，我不得不取消訂單。」對方一定會要求大筆賠償金，因此，他並沒有選擇這樣做。

他細心搜集了許多美國洋蔥市場的情報，得悉洋蔥價格較先前上揚許多，因為在美國採購洋蔥的廠商太多，在供不應求的情況下，導致市場價格飆高。

A先生心生一計，於是故意前往供貨公司說：「其實，這批貨在美國銷售比運到我國更有利可圖，最近有不少美國同行向我探詢這批洋蔥呢。所以，我臨時決定取消運回我國的計劃，而在美國販售。」

對方聽了立即說道：「如果要賣給別人的話，不如賣回給我好了，即使彌補差額也沒有關係。」

就這樣，A先生反而意外地爲公司賺了一筆價格上揚的差額。

正因爲A先生能夠準確判斷市場的實際情勢，善用談判手腕，才能達成公司的要求。

若是A先生心裡認爲公司的要求不合情理，並且抱著這樣的心態進行交涉，提出取消訂單要求的話，對方必定獅子大開口，狠狠罰他一筆違約金，又哪來的差額

可賺？

所以，在與對方交涉的過程中，無論內容如何，首要條件就是自己必須先接受這樣的內容，否則，便無法去面對對方。尤其是Ａ先生派駐海外，國內公司的命令，往往會被認為是無視當地實情的胡亂指揮，這更會造成公司與員工之間的陰影。

然而，公司命令的變更，無非是為了守住公司的利益，因此，即使認為「這真是不近情理」時，仍必須調整心態，並說服自己接受。

應變能力是談判者必備的條件，唯有具備應變能力，才能隨機發揮創造力，並且化險為夷、戰勝一切。

不要藉機發洩自己的不滿情緒

紐約大學精神病學副教授諾曼說：「上司要考慮的事情已經夠多了，因此，如果你不能提供有效的解決辦法，至少也得提出處理問題的建議。」

文藝復興時期的大藝術家達文西說：「鐵不用就會生鏽，水不流就會發臭，人的智慧不用就會枯萎。」

在這個腦力競賽的時代，唯有懂得運用智慧的人，才可能為自己創造出無可比擬的競爭力，並且不露情緒地爭取自己應有的權益。

企劃部經理向董事長奎爾提出加薪的要求，於是奎爾仔細分析這位經理之所以在此時提出加薪的原因、合理的根據，以及自己能夠滿足對方要求的可能性。

加薪需要考核這位經理的業績，如果他在這個部門中做出了特別的成績，或是分內外的工作也做了不少，就應該肯定他加薪要求的合理性，然後按照公司的規定來核發加薪的數目。

企劃部經理能否如願以償，關鍵在於奎爾決定後的反應。

經理既然有此要求，自有他的正當理由或根據，譬如合約上的明確規定。同樣的，如果奎爾不想幫經理加薪，他當然也能找到諸如合約上沒有的規定，或是沒有先例……等理由。

做為老闆，就算不想滿足對方的要求，也不能讓對方覺得你是有意不成全，因而產生彼此間的嫌隙，應該「曉之以理，動之以情」，讓對方在適當讓步中，理解自己的想法。

相對的，對老闆有所期待的企劃部經理，首先是不要有過激的言行，通情達理的對待加薪一事，瞭解老闆與自己雖然各從不同角度來考慮這件事，但都希望彼此能獲得更多利益。

奎爾進一步考慮到為對方加薪，對自己的好處：這位經理是個工作積極、企劃

方面很有創意的能幹青年，公司仰賴他有很大的發展，為他加薪對公司絕對有利，但加薪幅度必須和他所能創造的價值相平衡。

明白了這個道理，奎爾知道該怎麼做了。

另一方面，在經理的立場上設想，提出加薪要求需要考慮被拒絕的危險，所以要有幾種準備：如果被拒絕，那麼要辭職或繼續做下去？

如果一時之間很難找到比這裡更好的工作，留下來是明智的選擇，相信公司對有貢獻的出色人才，會考慮加薪的問題，因此日後必須將重點放在提高自身素質上。

如此一來，外面的發展機會也會相對地多。

理清思路後，經理可以考慮加薪額度。

如果說：「我希望月薪能夠增加一萬元。」老闆可能會冷笑兩聲不予理睬，或乾脆炒你魷魚，因為太過於脫離現實了。

最好根據公司一般工資水準，加上物價漲幅因素、工作業績，提出令人信服的數字。提出前，更要看準時機——老闆的心情、時間、地點及營運狀況。

心理學家史密斯在教人如何爭取加薪時說：「如果來勢洶洶，只會使你的上司大發雷霆，所以，首先要做到心平氣和。」

另外，不要把對公司的不滿情緒藉機發洩，否則就會如同某位公司董事長所說：「如果一個員工對公司的一切都消極不滿，那上司就會覺得，要讓他滿意是難乎其難，甚至認為，我們最好就讓他離開好了。」

再者，這位經理應該寫一分加薪建議書，請老闆慎重考慮。

紐約大學心理學副教授諾曼就曾說：「上司要考慮的事情已經太多了，因此，如果你不能提供有效的解決辦法，至少也得提出處理問題的建議。」

對於一分經過反覆考慮而且言之有理的加薪建議，一般而言，公司接受的可能性就比較大。

如何才能使對方改變強硬的主張？

當對方提出強硬主張時，不立即表示拒絕或苟同，而將目光放在對方立場背後的利益上，找出原則依據，然後考慮如何使對方自行改變策略。

不論哪種形式的交涉，都可能出現相持不下的情形。在對峙的氣氛中，應該要點心機，儘量運用「柔性應付法」來化解彼此之間的摩擦，進而軟化對方的強硬主張，千萬不要冷嘲熱諷、針鋒相對。

一九七〇年，一位美國律師，獲准與埃及總統納賽爾研討有關阿拉伯國家與以色列的衝突問題。

律師問：「總統先生希望梅爾夫人採取什麼樣的行動呢？」

「撤退。」納賽爾總統答得斬釘截鐵，沒有迴旋餘地。

律師又問：「要她撤退？」

「是的，從阿拉伯領土上完全退出。」納賽爾總統的立場仍然如鋼鐵般堅定，絲毫不見鬆動。

律師進一步問道：「可是，你並沒有給對方什麼代價，卻要她完全退出，這樣的要求行得通嗎？」

納賽爾總統搬出強硬的理由：「當然，因為那是我們的領土，以色列原本就應該無條件歸還。」

「如果明天梅爾夫人在以色列媒體前宣佈：『我代表所有以色列人宣佈，我國將從一九六七年以來所佔領的土地，包括西奈半島、迦薩走廊和戈蘭高地全部撤退，儘管我們沒有得到阿拉伯國家的任何讓步』，那麼，情況會變成怎樣？」

律師針對納賽爾的固執，搬出超乎現實的假設，尋求他的看法。

納賽爾不禁大笑起來，「如果她真這樣說，第二天就得下台！」

納賽爾總統透過與這位美國律師的談論，隨即意識到自己堅持的立場不夠實際

而必須加以調整，終於為日後促成埃及接受中東停戰協定的簽訂，預鋪了道路。

這位美國律師之所以能讓以強悍聞名的納賽爾總統接受自己的觀點，是他巧妙的運用了柔性應付手法，避免與對方直接衝突。

當對方提出自己的強硬主張時，並不立即表示拒絕或苟同，只把它做為一種條件，而將目光放在對方立場背後的利益上，找出其原則依據，然後考慮如何使對方自行改變策略。

這個策略就是讓納賽爾總統設想梅爾夫人的處境，促使他瞭解對方的心態。

說服的方法很多，不可拘泥於形式，必須根據特定事態、特定環境、特定人物，選擇特定的說服方式。

慢慢敲竹槓，使對方一讓再讓

先將對方價格壓到最低，再一步步提出各種小小的要求，讓對方總感覺到只差一點點就成交，直到最後簽下合約時，已在不知不覺中喪失不少利潤了。

爪哇島要修建一座新的發電廠，實行公開招標。工程中需要一台大型發電機，當時世界上只有五、六家公司能製造，這些製造商紛紛透過印尼的代理人，展開爭取政府訂單的競爭。

德國製造商的代理人用盡各種方法接近政府官員，最後竟然發現自己沒有在競投之列。這位德國製造商的代理人不明白，一直以高品質產品著稱的德國公司，怎麼會敵不過英、法、日、美公司呢？

過了不久，印尼採購官員在收到諸國競爭者的報價後，主動約見德商代理人，

並要求代理人信守秘密。

德商代理人承諾後，採購官員便把競爭對手的報價單給代理人看，對他說：「如果你能提出一個比最低報價還少百分之十的報價，就有可能得標。」

採購官員真正想得到的是德國設備，因為它的品質極佳。如果一開始讓德國投標，他可能會提出一個極具競爭力的價格，但不是最低價。

因為德國公司向來以精密計算出不低的價格，當這樣的價格一經報出，再要更改就很難，因為他們得標後，不樂於對價格做太大的修訂。

採購官員的方法，就是讓對方一開始的報價降低，並拿捏出一個既符合印尼政府要求，又可能是德商能接受的期望值。

德商代理人為達成這筆巨額生意感到非常興奮，把已決定的價格報告德商。德商對這既具吸引力而又不好做的生意，難以下決定。

代理人眼見面臨失去訂單的危險，於是削減自己的傭金，促使價格降低，並提交一分比其他競爭者的最低價，大約低百分之十的估價表。

但是，採購官想敲代理人的竹槓，對估價表無動於衷，也不接代理人電話，更

不約見他。於是，代理人一度情緒低落，以為已經丟掉了這筆交易。

最後，代理人得到採購官約見。採購官表明昨晚收到另一家公司的估價表，比德國公司還低百分之二點五，如果德國公司能把價格再降低百分之三的話，就可以將合約交由政府批准。

因為當時國際市場上，大型發電機的銷路並不好，於是德國公司同意把價格再降低百分之三。

代理人帶著新估價表與採購官開會，採購官說如果沒什麼意外，政府打算與德國公司達成交易，並說改日將討論支付條件。

德方代理人問：「什麼支付條件？」

採購官說：「要用分期付款的方式支付。」

採購官認為，在目前通貨膨脹率和利率較高情況下，德方必須答應這一要求，並說其他競爭對手都是採用同樣支付方式，否則，光談價格條件就沒有意義了。

其實，這是採購官再敲德方一筆的手段。德商在德國政府貸款幫助下，同意提供整整十八個月的信貸，這是個很大的讓步。

採購官把德方逼到了極限，可是在即將簽約時，他又打出了最後一張牌：「政

府暫時不再需要長期信貸了。不過，如果貴公司能把估價表上信貸的利息扣除，挪

來做為額外折扣的話，我願意讓合約立即通過。否則，我擔心日本、美國的公司會

乘機……」

他製造競爭假想敵的最後一招，雖然沒有獲得全部利息折扣，但也獲得了要求

的一半。

採購官先將對方價格壓到最低，再一步步提出各種小小的要求，讓對方總感覺

到只差一點點就成交，直到最後簽下合約時，已在不知不覺中喪失不少利潤了。

不要被頻頻傳送的好感誤導

期待是貫穿談判過程的根本原則，是談判利益的體現。根本方向走錯了，期待自然永遠到達不了彼岸。

一九八〇年初期，位於大西洋海岸的墨西哥某大城市，有個興建鋼鐵廠的大型工程，參加競標的是德國、義大利和美日合資三大公司，三方都對這個具有上百億利潤的鉅額計劃案垂涎欲滴。

經過連日磋商協議，美日合資公司自覺中選有望。

類似這等整體大工程，在簽約之前必須先送出完整的計劃書，以取得對方信賴。

美日合資公司於是花了整整一個月時間，做出了計劃書，帶著技術文件一起前去會見對方。墨西哥代表喜出望外地說：「這真是一分了不起的計劃。」

墨西哥代表欣喜的表情，使美日公司代表確信這樣完整的計劃書，德、義兩國

公司絕對做不出來，真可說是勝利在望。

墨西哥代表對美日公司表示好感，對他們提出的意見也頻頻表示肯定，墨西哥

的談判負責人與美日公司代表會面時，都會拍著他們的肩膀，緊握他們的手，以此

表示信任。至此，彼此幾乎已經互相默認了合作關係，只差還未簽約。

可是在最後關頭，墨西哥方面卻突然提出：「可否再稍微降價？」

雖然墨西哥方面提出的降價幅度並不大，只是，美日公司認為，整個事件進展

到目前階段，就只等合約訴諸文字了，沒有必要再談降價問題。美日公司於是拒絕

了墨西哥方面的要求。

美日公司認為，先前提交的計劃書得到對方的賞識，拒絕降價只是芝麻蒜皮的

小事，隔天一定可以順利簽約，於是懷著「非我莫屬」的樂觀期待，在餐廳預先舉

行慶祝宴會。

美日代表舉杯慶賀，興奮地高呼，氣氛非常熱烈。

這時，只見德國公司的代表，坐在對面桌上，朝他們揮揮手，一副幸災樂禍的

模樣，神祕地微笑著。一絲不安掠過美日公司代表的心坎：「合約該不會被德國拿去了吧？」慶祝宴會因此蒙上了一層陰影。

隨即，美日公司代表自大地認為自己是杞人憂天，因為德國公司不管怎麼說也沒理由搶走合約，於是仍通宵達旦開懷暢飲。

次日十點多鐘，美日公司代表匆匆抵達對方辦公室時，墨西哥方面的承辦人員老實不客氣地說：「真是非常抱歉，我們已經和德國與義大利的公司簽約了。」

這不啻是個晴天霹靂，震得美日公司代表目瞪口呆地杵在原地。

原來德、義公司也同樣提交了一分厚實完整的計劃書，美日公司的穩操勝算只是一廂情願的想法。

原來，墨西哥人無論同意或不同意，一律以「是」來回答，而絕不會說「不」，這是墨西哥的民情。而美日公司代表聽到親切的「是」，就以為交涉順利，如果一開始就知道這種情況，便不會陶醉在勝利的喜悅中，而得到慘敗的結果。

美日公司最後之所以會功虧一簣，就在於這種頻頻傳送好感的「是」，誤導了他們的期待。

期待是貫穿談判過程的基本原則，是談判利益的體現。基本方向走錯了，期待自然永遠到達不了彼岸。

富有談判經驗的老手，慣常把所要確定的目標，分為三個層次：

一、預期達成的目標，在必要時可以調整甚至放棄。

二、著重達成的目標，一般只有在十分無奈情況下才考慮改變。

三、必要達成的目標，毫無改弦易轍的餘地。

在預測基礎上確立的談判目標，是期待的談判結果，並又以這個基礎制定談判決策。沒有目標的談判是不存在的，而且，目標選擇是否準確，與談判成敗的關係緊密相連。

目標的確立不能隨便，但可以是單一的。

目標的達成程度可以是計量、有時限、責任明確的。它還可以有主次之分、輕重緩急的次序排列；必須達成的是重點目標，希望達成的則是次要目標。

摸清辦公室裡的相處之道

自命清高的人，

往往就是辦公室裡惹人討厭的傢伙，

由於不懂得應對進退之道，

最後終將在劇烈而又爾虞我詐的競爭中失敗。

先學傾聽，再學溝通

學會傾聽的技巧，不但能使你更輕易了解說話者的想法，確實達到溝通交流的目的，進而使對方容易接納你的觀點。

許多人在交談的時候總是喜歡滔滔不絕，尤其推銷員更是如此，因而容易讓人心生厭煩。正確的做法，應該儘量讓對方說話，畢竟他對自己的事業和問題瞭解得比你清楚，因此應該是你提出問題，讓他告訴你答案，而不是你滔滔不絕地說。

對方說話的時候，如果你打斷他或是表現出冷漠、不耐煩的樣子，都是不明智的的舉動，應該要耐心地讓他把話說完。

那麼，傾聽究竟能使人獲得怎樣的好處呢？

‧ 傾聽能使人感覺被尊重和被欣賞

人們都傾向於關注與自己有關的問題，傾向於自我表現。因此，一旦有人願意傾聽我們談論自己，就會感到自己受到了尊重。

有人曾說，專心聽別人講話的態度，就是給予別人最大的讚美，而且透過認真傾聽的過程，你也會獲得極大的好處——別人將用熱情和感激來回報你的真誠。

‧ 傾聽能夠增進彼此的瞭解與溝通

一般的推銷員上門推銷商品時，多半只顧著說自家的產品有多好，但這種推銷方式只會令人厭惡。一個成功的推銷員說過：「優秀的推銷是自己只說三分之一的話，把三分之二的話讓給對方去說，然後專心地傾聽。這樣的推銷方式，反而更能讓顧客接受你的商品。」

‧ 傾聽能夠減除他人的壓力，幫助他人理清頭緒

美國總統林肯在南北戰爭陷入最困難的情況時，身上肩負著來自各方面的壓力，

於是他把一位老朋友請到白宮，請他傾聽自己的問題。

他們交談了好幾個小時，大多數的時間都是林肯在說話，還談到發表一篇解放黑奴的宣言是否可行的問題。林肯仔細分析了這項行動的可行之處和不可行之處，並把一些發表在報上的討論文章唸出來，在這些文章中，有些人因為他不解放黑奴而罵他，有些則是害怕他解放黑奴而罵他。

數小時之後，林肯並未徵詢老朋友的意見，只是和他握手，把他送了回去。

後來，這名朋友回憶說，透過傾訴使林肯的心境清晰起來，並且心情舒暢許多，他僅僅是充當一名合格的傾聽者，沒有給他任何建議。

不過，這正是我們在遇到困難時所需要的。心理學家已經從理論的角度證實，傾聽可以減除心理壓力，當人有了心理負擔和難以解決的問題時，找一個恰當的傾聽者是最好的解決辦法之一。

- 傾聽是解決衝突、矛盾，處理抱怨的最好辦法

一個有耐心、有同情心的傾聽者可以使一個牢騷滿腹，甚至不可理喻的人變得

通情達理。

某電話公司曾碰到一個霸道、蠻不講理的客戶，不僅對電話公司的工作人員破口大罵，甚至還威脅工作人員。此外，他又寫信給報社，向消費者保護協會投訴，到處告電話公司的狀。

面對這種情況，電話公司派了一位善於傾聽的調解員去見這位客戶。這個客戶一見到他便怒火中燒，憤怒地大聲「申訴」，但這個調解員只是靜靜地傾聽，並不時報以理解的眼光和話語，就這樣足足聽那名客人發了三個多小時的牢騷。

之後，那名調解員又兩次主動上門傾聽這名客戶的不滿和抱怨，就在他第四次拜訪時，對方把他當成自己最好的朋友了。

這位調解員正是運用了傾聽的技巧，他的友善、耐心、同情、尊重使那個蠻不講理的客戶變得通情達理了，最後終於徹底解決了公司和這位顧客之間的矛盾，而且兩人還成了好朋友。

- 傾聽能幫助你學習與成長

懂得傾聽不只能從別人那裡學到許多東西，能夠充實自我，同時又可以擺脫自身的偏見與固執，成為一個虛懷若谷且受人歡迎的人。

傾聽能使我們學習他人之長，彌補自己之短；同時，別人身上出現的缺點或錯誤對自己更是極佳的借鏡，若能懂得引以為戒，自己就能不斷成長。

● 少說多聽才能保護自己的秘密

很多人都曾有過這樣的經驗，說話說得過多時，就很容易把自己不想說或不該說的秘密說出來，很容易為自己或他人造成不良的影響，在商場上更是要特別留意這一點。所以，有經驗的商人在與客戶談判時，總會先把自己的底牌藏起來，在適當的時候才打出自己的牌。

《聖經》上說：「上帝賜給我們兩個耳朵、一個嘴巴，就是要我們少說多聽。」

瞭解了傾聽的好處後，再來就是要懂得如何運用傾聽的技巧。一般而言，要掌握傾聽技巧，大致上有幾個基本要領：

● 真心願意聽，並集中注意力去聽

如果你的時間有限，或因為某種原因不想聽別人說話時，最好一開始就客氣地提出來，說明自己還有別的事必須要做，切記不要不願意聽又勉強自己去聽或是假裝在傾聽。因為，這種心態逃脫不了說話人的眼睛，說話者反而會因你的不專心和沒誠意，對你產生極大的不滿。

● 要有耐心

要耐心地讓說話者把話說完，直到你聽懂他所有的意思。如果他的表達方式有些混亂，你更要發揮耐心，讓他把想要表達的說明白。

想要達到傾聽的目的，就必須讓對方把話說完，即使他的觀點你無法接受，甚至會傷害你的感情，也要有耐心聽完。

● 避免不良習慣

很多人在聽話時，常會有一些不良習慣，例如在別人說話的時候插話打岔、改變說話人的思路和話題、任意評論和表態、一心二用……等等。這些習慣都非常不好，不但會妨礙自己傾聽別人的意見，更會讓說話人心生不滿，如此非但無法達到溝通的目的，反而容易不歡而散。

• 適時鼓勵以及表示理解

一個好的傾聽者在傾聽的時候，應該保持安靜，臉朝向說話者，眼睛看著說話人的雙眼和手勢，這樣可以更容易理解說話人要表達的意思。

但光只有這樣還不夠，還要對說話者的說話內容適時並恰當地反應、鼓勵或表達理解之意。可以透過點頭、微笑之類的動作，或是「是」、「對」之類的簡短回應，表達你的理解和共鳴，讓對方知道你在認真地聽，並且聽懂了。

當然，這種理解和鼓勵應該建立在聽懂的基礎上，如果你並未聽懂某句話，就應該要求對方重複一遍或解釋一下，這樣對方才能順利地說下去，而你也能夠聽懂，這樣才有達到交流的效果。

● 要能適時地做出反應

適時做出反應的目的也是為了傾聽。說話者的話告一段落時，做出一個聽懂對方談話的反應，可以給說話者極大的鼓舞，尤其是在你做出準確的回應後，說話者的心會自然而然會靠近你。

既然如此，應該如何做出回應呢？可以這樣說：「你的意思是……」、「你是認為……」等等，但要記住，做出回應時得儘量弄清楚說話者正確的意思，若是做出不準確的反饋反而會不利於傾聽。

傾聽既是一種技巧，更是一種人格魅力。學會這種傾聽的技巧後，不論是在商場上的業務方面、家庭糾紛方面或是各種人際關係的處理上都會有極大的幫助，不但能使你更輕易了解說話者的想法，確實達到溝通交流的目的，還能進而使對方容易接納你的觀點，是成功領導者必備的技巧之一。

怎麼和上司交談最妥當？

透過察言觀色去瞭解上司的個性，並不是代表著曲意迎合，而是運用心理學讓自己事半功倍的應對方式，使自己在升遷過程佔得先機。

在職場想要出人頭地，除了必須掌握做人做事的基本原則之外，如何與上私交談是個重要的關鍵。

一個優秀的下屬只要能瞭解上司的個性，以尊重和謹慎的語氣，選擇有利時機，保持不卑不亢的態度跟上司交談，那麼必定能與上司進行成功的互動，對自己的日後升遷大有助益。

一般說來，人在與自己熟識的同事、同學、朋友或是下屬說話的時候，表現都

會比較正常，行為舉止也會比較自然、大方，但是，與比自己身分、地位、職位較高的人交談之時，心裡就可能感到緊張，表現得較拘謹、不自然，也因此常常犯下不該犯的失誤。

譬如，有的人因為有所顧忌，不敢在自己的上司面前暢所欲言，以致於時常脫口說了一堆不知所云的廢話，但是在自己的下屬面前講話，則可以思路清析、條理分明地侃侃而談。

又譬如，有的人在一般人面前總是擺出一副自信能幹的架勢，可是一見到有權有勢的人就顯得十分馴服，一副唯諾諾的模樣。

如果你也有這種毛病，那麼記得以後和上司說話時，要避免過分膽怯、拘謹、服從，不要用唯諾諾的態度講話，而要儘量以生動活潑的語言和沉著自信的態度來表現自己的看法。

說話時候的態度和內容，不僅會影響上司對你的觀感，有時還會因此影響你的工作和前途。

此外，跟上司說話時，態度一定要尊重、謹慎，但不能一味奉承迎合，因為這種卑微的姿態只會損害自己的人格，根本得不到應有的重視與尊敬，更可能引起上司的反感和輕視。

其實，只要你擁有超過一般同事的才華與能力，能以不卑不亢的態度跟上司交談，而且在工作上能夠敏銳快速地根據事實與理論，表現自己獨到的觀點，反而更能獲得上司的賞識。

再者，掌握上司的個性也是一個重要的課題。

必須記住，層級再高的上司也是平常人，也有個性、愛好與生活習慣……等。

例如，有的上司的性格十分爽快、乾脆，會直接表達自己的好惡，有些則顯得沉默寡言，凡事思考再三，不輕易將自己的想法說出，因此，面對不同性格的上司，要有不同的應對方式。

透過察言觀色去瞭解上司的個性，並不是代表著曲意迎合，而是運用心理學讓自己事半功倍的應對方式。

當你清楚自己的上司是怎樣的人時，懂得順著他的慣性思考去談論事情，往往能順利得到他的認同，使自己在升遷過程佔得先機。

除此之外，與上司談話還要選擇最恰當的時機。

因為，上司從早到晚要考慮的問題、要下決定的事很多，所以，千萬不要笨到他正在處理重大事情時，提一些瑣碎的事務去打擾他，應該根據問題的重要與否，選擇適當時機加以反應。

做人要藏心，做事要留心

我相信，耶穌基督今日在世的話，肯定是一個全國性的廣告主。他在他那個時代就是一個大廣告主，他把他的一生看作一個事業。

——布魯斯・巴頓

放下架子，才能讓部屬變成墊腳石

不管下屬多麼愚蠢，發生什麼過失，你都要放下架子，忍下心中的怒氣，這樣下屬才會向你敞開心扉，成為你更上一層樓的重要助力。

上司與下屬之間的談話，也是辦公室裡重要的交流活動，只有雙方在思想和感情上得以順利溝通，才談得上成功的交流。

如果你是一個部門主管，在與下屬談話之時，要盡量避免以自鳴得意或是命令、訓斥下屬的口吻說話，否則，萬一下屬心生怨懟之餘挾怨報復，暗中扯你的後腿，你得意的日子恐怕不會太長久。

正確的做法是，不管下屬多麼愚蠢，發生什麼過失，只要不到叫他捲鋪蓋走路的程度，你都要放下架子，忍下心中的怒氣，以心平氣和的方式對待他們，這樣下

屬才會向你敞開心扉，成為你更上一層樓的重要助力。

如何傳達自己的意思，讓下屬覺得你是一位英明果斷的上司呢？除了談話內容必須言之有物之外，還得透過語氣、語調、表情、動作……等方式來表現，讓他們確實明白你的想法和工作目標。

不要以為這是屬於個人習慣的小細節，不會影響到你與下屬的交流、互動，實際上，這往往關係到下屬是否敢與你接近，是否會成為你忠實的工作夥伴。

此外，即使再生氣，像「你們到底在搞什麼鬼？」「有像你們這樣笨的人嗎？」這類傷人的話語或口氣，都不應該脫口而出，這些惡言惡語只會製造彼此的裂痕，拉大彼此的距離。

當你在發表評論時，也應當掌握好分寸。因為，即使你只是不經意地點個頭或搖個頭，也都會被下屬認為這代表著你的觀感，所以，輕易的表態或過於絕對的評價，都容易造成彼此溝通的失誤。

因此,當下屬進行工作彙報時,身為上司的你只適宜提一些問題,或說一些一般性的鼓勵話語,像「這個構想很好,可以多參考其他人的意見」「繼續加油,等有了具體的結果,我們再做深入討論」……等等。

如果你覺得下屬的工作彙報有所不妥時,表達更要小心謹慎,盡可能採用勸告或建議性的措詞:「這個問題能不能有別的看法,例如……」「不過,這是我個人的意見,你們可以參考參考」「建議你們看看最新資料,看看有什麼辦法?」

因為,這樣的話語能達到激發作用,較容易被對方接受。

做人要藏心,做事要留心

如果你搭乘的火車駛在錯誤的鐵路上,你所到達的每一個車站,都是錯誤的車站。

——伯納德·馬拉莫德

掌握別人對你的第一印象

懂得在第一時機將自己的最好一面表現出來，讓周遭的同事留下良好的第一印象，自然遠比那些不懂如何表現自己的人更接近成功之路。

二十世紀最偉大的成功學大師卡耐基曾說：「良好的第一印象就是人際關係的通行證。」其實，不僅僅在人際交往方面，想要順利遊走職場，良好的第一印象也是一張相當重要的門票。

因為，人性當中有個牢不可破的弱點，那就是和初次見面的陌生人應對時，往往都會暗自打量對方的言行舉止，並且不知不覺間就給對方戴上「這個人很難纏」、「這個人很討人厭」或是「這個人很直爽」……之類的帽子。

其實，第一印象往往是我們拿對方跟自己的特質相互對照，並且衡量對方的外表、容貌、行為模式、穿著打扮……等基準，所產生的觀感。

儘管第一印象並不一定正確，但是在人際關係卻很重要的，因為當我們留給對方的第一印象是很難改變的。彼此互動的時間可能不到一個小時，想要進行修正卻必須耗費幾個月，甚至是幾年的時間。

美國心理學家羅勃特・費爾曼曾經長期對所謂的「第一印象」進行深入研究，他指出，在第一次會面之後所得到的有關對方的印象，往往會影響你對這個人的觀感，而且這種觀感日積月累之下，就會形成一種牢不可破的評價。

因此，一個人如何為自己留下良好的第一印象是非常重要的。

良好的第一印象會讓你少奮鬥幾年；第一印象不好的話，日後想要挽回，恐怕就得費盡九牛二虎之力。

初到一個新環境，正常人都會因為陌生而感到緊張，不過，只要你掌握住每個人都有「先入為主」這個弱點，一開始就樹立良好的第一印象，那麼你就成功一半

了。懂得運用策略為自己塑造形象的人，會在第一時間將自己的最美好一面表現出來，讓新同事們對自己留下深刻而好的第一印象。這種聰明的人，自然比那些不懂如何表現自己的人更接近成功之路。

只要能正確認識自己的優缺點，然後揚長避短，發揮自己獨特的優勢，就可以形成與眾不同的風格，更可以塑造出自己獨特的魅力。這樣一來，你便能很快引起別人的注意、重視，而利用這項優勢在職場生涯中無往不利。

做人要藏心，做事要留心

小時候我們把夢想築在無限的承諾之上。長大後，許多人還是保有這種習慣，相信可以利用函授來學彈鋼琴，把泥塗在臉上會讓皮膚變好。

——費茲傑羅

別跟身邊的「母老虎」過不去

「母老虎」型的女人精於察言觀色，拆穿男人嚴肅的假面具，所以應該儘量避免與她發生舌戰。

面對人際之間的摩擦，希臘詩人荷馬曾經勸告我們說：「把你激動的心情按捺下去，因為溫和的方式最適宜；還要遠離那些劇烈的競爭。」

世間的人形形色色，每個人都是獨立的個體，也擁有各自的思想和行為模式，因此，面對不盡如己意的景況，要懂得以安善方式因應。

有人說：管人難，管女人更難，而管身邊的「母老虎」則難上加難。許多公司的部門主管，總是有這方面的感歎。

不可否認，現在的婦女已經能撐半邊天，許多男性主管對於征服男下屬很有一套，但是對付辦公室裡的三姑六婆卻束手無策，因為在這些三姑六婆當中有不少「母老虎」。

「母老虎」的特徵可以歸納如下：

• 擁有自己的「地盤」，專門在自己的地盤內呼風喚雨。

• 以為世間萬物只要有錢便可以解決。

• 情緒表現十分極端，情感好惡非常強烈。

• 在工作方面工作不重視根本問題，而專門對小事挑毛病。

• 生活的最大樂趣是參加不同類型的宴會。

• 專門與推崇自己的人交往。

• 表面高雅動人，但心地卻不像外表那麼善良，鬥爭手段冷酷無情。

• 雖然不喜歡成群結黨，但也不會單獨行動，身邊隨時有幾名忠實的「男僕」、「女僕」追隨著。

• 衣著講究豪華，款式一定要新穎，跟隨潮流；食的方面好惡明顯；住的方面非

常重視,而且喜歡四處向人顯耀自己的品味。

- 嫉妒心強烈超過一般人想像,尤其是對比自己優秀的人,這種現象更為強烈。

防範這類「母老虎」的方法是︰

- 避免爭吵

這是避免惹禍上身的最佳方法,因為就辯才來說,你肯定鬥不過她的潑婦罵街,避免與她發生舌戰。

此外,「母老虎」型的女人精於察言觀色,拆穿男人嚴肅的假面具,所以應該儘量

- 開門見山

不管你演得多麼逼真,捏造的謊言多麼天衣無縫,「母老虎」型的下屬依然會細心地從你的話中找出破綻,然後狠狠地發動攻擊,毫不留情地把你「刮」一頓。

所以,與其編造謊言,不如一開始就開門見山將事情說清楚。這樣,不僅可以免於受到「母老虎」的「轟擊」,也可以作為下屬的表率,提高自己的威信。

- 千萬不可唯命是從

對付「母老虎」，有時也必須使用強硬的手段，譬如對她說：「妳以後再這樣狂妄不講理，我將在公司的會議上公開檢討妳，甚至把妳調離公司！」

「母老虎」大多愛好面子，非常注重外界對自己的評價，強硬的態度，肯定會使她氣焰有所收斂。

「母老虎」型的下屬，性格蠻橫，爭強好勝，並且又刁鑽難纏，在公眾場合千萬不要與其爭論，否則，一旦你處於下方，大家不僅將你視為「無用的人」，而且，會讓她認為你軟弱可欺，而採取進一步的報復行動。

所以，與其當眾抓狂，和她爭得面紅耳赤，不如先忍一忍，再單獨用道理和職權跟她「計較」。

把上司當成向上攀爬的梯子

誠心誠意地感謝上司的幫助和栽培。不要認為這是阿諛奉承，這只是讓上司知道你不會為了升遷而不擇手段地踩著他的肩膀往上爬。

經常與上司進行建設性的溝通，可以幫你建立一個融洽和諧的工作環境，更是在職場上左右逢源的必要條件。

溝通常常會出現預想不到的神奇效果。當人與人之間有了誤解，甚至產生隔閡時，運用溝通藝術進行互動，就顯得非常重要。

在職場上也是如此，必須加強溝通。當上司對你有了誤解或產生猜忌，面對上司「另眼看待」的冷峻態度，千萬不可意氣用事，不要硬碰硬地橫眉冷對、反唇相譏，或是表現得不屑一顧。

這時候，應當以樂觀積極的態度，心平氣和地找上司進行良性溝通。

必須注意的是，想要進行建設性的溝通，一定要找個適當的溝通場所，並選擇恰當的時機，在整個談話過程中更要營造出輕鬆自然的氣氛。

首先，在進行溝通的時候一定要讓對方感受到你樂於溝通的誠意，儘量不要刻意隱瞞某些事情。

例如，如果大老闆私下找你談話，而讓上司疑神疑鬼，倘使談話內容純粹是一般公事，你大可直接對上司說明，這樣一來，他自然不會把你當成扯人後腿的「抓耙子」而處處防你。

其次，當自己的工作成績得到上司的肯定和表揚之時，必須誠心誠意地感謝上司的幫助和栽培。

不要難為情地認為這是阿諛奉承，這只是讓上司知道你不是一個得意忘形或忘恩負義的人，也不會為了升遷而不擇手段地踩著他的肩膀往上爬。

然後，你要誠懇地檢討自己的缺點和不足之處，希望上司能繼續對你嚴格要求，

幫助你突破自己的侷限。

當你使上司感覺他是處於栽培、幫助別人的位置上，他就會敞開心胸，盡其所能地爲你創造有利的機會。

如此一來，即使你的成就超越他，他也很容易就會認爲你的進步是他的功勞，自然能從你的升遷過程中，找到一分屬於自己的成就感和滿足感。

做人要藏心，做事要留心

蠢人的最大特徵是，他們常常相信，只要讓兩隻恐龍交配，同樣能夠生出一隻小羚羊。而且，這種蠢人在企業界特別多。

——湯姆·彼得斯

別把自己的想法寫在臉上

當你退讓時，至少要從對方那裡得到相當價值的回應。若要確定對方的回報是否實際，必須自問一個問題：對方的退步對達成協議有否價值？

〈麻雀變鳳凰〉的電影裡有這樣一段情節：有錢的生意人李察‧吉爾走進應召女郎茱莉亞‧羅勃茲的浴室，對她說：「週末以前，我都會留在這裡，希望妳整個星期日都陪我。」

茱莉亞‧羅勃茲從浴缸中伸出頭來說：「你說的是一天二十四小時整天的工作，這可是會花你不少錢呢！」

李察‧吉爾要她報個價，她心裡盤算了一下，說：「四千美元。」

「不可能。」李察‧吉爾說：「二千美元。」

她討價還價說：「算三千美元吧！」

李察‧吉爾立即做出讓步，毫不猶豫地說：「成交。」

茱莉亞‧羅勃茲得到了比預期更高的價格，興奮地把頭埋進水裡，然後露出水面歡呼：「我原來打算只要二千美元就成交的。」

李察‧吉爾一聽到她的歡呼，慢慢地回過頭來說：「就算是四千美元，我也會付的。」

茱莉亞‧羅勃茲白歡喜一場，但話已傳到了對方耳朵裡，無可更改，只好自認倒楣了。

無論在哪種類型的談判中，千萬要學會深藏不露。比如雖然達成口頭協定，尚未正式簽約前，如果你對談判結果喜形於色，對方就會懷疑自己吃虧太大，從而推翻口頭協定，重新談判。

又例如，我們在購物時，完全是憑口頭協議進行買賣，只要未一手交錢、一手交貨，交易就可能隨時告吹，如果你把心中的想法一覽無遺表現在臉上，豈不是要

壞事了？

因此，談判的時候，往往會因為達成了某些交易，卻失掉其他機會。有時得到的會比預期來的多，但大多數時候，得先做出較大的讓步。

在談判中，是一點一點讓步，還是把它們捆在一起一次拋出去？

有人認為，前者能換回最大的代價。可是這樣的方式，可能會做出不該給予的讓步。談判中的討價還價，一般而言雙方都不願意在細小專案上輕易讓步，因為既耗時又費力，並且增加對立情緒，以致造成交涉的徹底破裂。

一點一點退讓還可能造成你已經被逼到死角，而對方卻一再努力施壓，因為不知底細的對方，不知你的底線在哪裡。相反的，把讓步一次拋出的方式，可使雙方都能避免談及自己的難處。

然而，要確立讓步的策略，還得根據談判的情形而定。

如果對方的報價已相當接近你的期待值，就可以用一次讓步的方式，以求速戰速決。否則，就該考慮採用漸進式讓步，使對方一點一點的向己方期待值靠攏。

但不管在任何情況下，最實用的策略，還是先試著與對方進行一次讓步，並保留一些可以再讓步的空間。這樣可以在達成協議中碰到障礙時，保留一些空間來解決問題。當你退讓時，至少要從對方那裡得到相當價值的回應。但是，你所得到的回報可能是表面的，而沒有多少實質優惠，甚至是海市蜃樓的幻影。

若要確定對方的回報是否實際，必須自問一個問題：對方的退步對達成協議有否價值？因為，雙方都力圖達成對自己最有利的交易，總想越少讓步越好。

雙方也都知道，談判中做出某種讓步是必要的，因此，往往都會把目標定得很高，初步同意的讓步只是最不重要的部分。

這一步也許是虛妄的，僅僅意在表示己方的誠意而已。

但千萬不要答應超越談判計劃規定的讓步。若是對方尚有退步餘地，而你已退到了期待值的臨界點，那就麻煩了。

避免方法之一，就是不要輕易讓步，而須經過一番搏鬥，才能顯示出這一點讓步的珍貴。

當然，到了雙方都須做最後讓步時，還有可能成為對方無謂讓步的犧牲品。這得靠智慧和遠見來加以避免。

第二個自問的是：對方讓步所要求的回報是什麼？也就是說，對方的居心何在。

在讓步交換上是否取勝，在很大程度上決定這筆生意做得好壞；常見的陷阱，就是一對一的交換。如果對方的出價離自己的目標很遠，這樣讓步交換下去，就不堪設想了。

例如，你自己預設的最高出價為二十萬元，對方提議把他的最後開價三十萬元和你最後的出價十五萬加起來打對折，結果你最後給付金額就會變成是二十二萬五千元。這樣的等值交換可能使你受損。有鑑於此，應該注意對方的讓步距離你的目標還有多遠，而別拘泥於等值交換的形式。

做人要藏心，做事要留心：
人性本詐篇：

作　　　者　王　渡
社　　　長　陳維都
藝術總監　黃聖文
編輯總監　王　凌
出　版　者　普天出版家族有限公司
　　　　　　新北市汐止區忠二街 6 巷 15 號
　　　　　　TEL / (02) 26435033 (代表號)
　　　　　　FAX / (02) 26486465
　　　　　　E-mail：asia.books@msa.hinet.net
　　　　　　http://www.popu.com.tw/
　　　　　　郵政劃撥 19091443 陳維都帳戶
總 經 銷　旭昇圖書有限公司
　　　　　　新北市中和區中山路二段 352 號 2F
　　　　　　TEL / (02) 22451480 (代表號)
　　　　　　FAX / (02) 22451479
　　　　　　E-mail：s1686688@ms31.hinet.net
法律顧問　西華律師事務所‧黃憲男律師
電腦排版　巨新電腦排版有限公司
印製裝訂　久裕印刷事業有限公司
出　版　日　2021 (民 110) 年 2 月第 1 版
ISBN◉978-986-389-763-7　　　條碼 9789863897637
Copyright©2021
Printed in Taiwan, 2021 All Rights Reserved

國家圖書館出版品預行編目資料

做人要藏心，做事要留心：人性本詐篇／

王渡著.—第 1 版.—：新北市,普天出版

民 110.2 面；公分. - (智謀經典；38)

ISBN◉978-986-389-763-7 (平裝)